COLI

Didier Daeninckx

La mort n'oublie personne

Denoël

© *Éditions Denoël, 1989.*

Didier Daeninckx est né en 1949 à Saint-Denis (Seine-Saint-Denis). De 1966 à 1975, il travaille comme imprimeur dans diverses entreprises, puis comme animateur culturel avant de devenir journaliste localier dans diverses publications municipales et départementales. En 1977, il profite d'une période de chômage pour écrire *Mort au premier tour*, qui ne sera publié que cinq ans plus tard. Depuis, Didier Daeninckx a écrit une dizaine d'ouvrages – dont six romans dans la Série Noire.

A Jean Meckert

Chapitre premier

Je l'ai connu mais il m'est impossible de le lui dire. Le portrait dans son cadre surplombe le reflet assombri de mon visage que me renvoie le verre bombé du téléviseur. J'étais pareil à lui, vingt-cinq années plus tôt... les taches blanches et pointues de la chemise sous le gris plomb de la blouse, le pull tricoté main, les cheveux matés à l'eau savonneuse qui gardaient en séchant les traces parallèles des grosses dents du peigne... Et cet air las du gosse pris au piège des parents, des profs, immobile et terne pour la photo.

Les flammes dansent derrière le hublot du poêle, éclairant par instants le papier peint du salon. Jean Ricouart m'a demandé ce que je voulais boire. Il a sorti toute une liasse de vieux papiers et j'ai reconnu, de mon bout de table, la carte postale éditée à la Libération, avec les portraits des fusillés, en médaillons. Elle est posée sur une coupure de presse jaunie, un article de 1948 que j'avais lu et relu dans l'arrière-boutique de la librairie qui sert de bureau au *Veilleur de la Lys* :

PROCÈS DE SAINT-OMER
Camblain condamné à mort
De 5 à 20 ans pour ses complices

Je tire la languette de la boîte de bière. Sa femme est entrée par la deuxième porte, celle qui donne sur le jardin. Elle racle ses semelles sur la grille et quitte son manteau en frissonnant. Jean Ricouart se lève pour l'embrasser.

— C'est le jeune gars dont je t'avais parlé qui écrit un article sur Camblain...

Elle hoche la tête, une suite de mouvements vifs, imperceptibles, comme un tremblement, et s'assied en retrait de la table, les genoux serrés, ses mains lissant le tissu tendu de la robe. Je bois à même la boîte et mon regard rencontre celui de Lucien emprisonné par sa photo. A cet instant précis, je crois que si elle m'avait adressé un mot, un sourire, je n'aurais pu retenir l'aveu, mais elle est restée immobile, inaccessible et son silence a envahi ma voix.

BLAVAINCOURT 8 MARS 1963

Le cours de mathématiques avait eu lieu dans la salle 25, au troisième : on posait du linoléum dans la pièce habituelle. La sonnerie eut tout juste le temps de résonner qu'elle fut couverte par le martèlement des galoches sur les marches de l'escalier central. Les apprentis en électromécanique, plus rapides, annexèrent le terrain de football tracé sur le bitume de la cour, à droite de l'ancien château de

Blavaincourt que les Houillères avaient acheté et transformé en école professionnelle. Lontenois, un malingre à lunettes que son souffle court ne prédisposait pas aux actions offensives, se logea sous le portique métallique, le dos rond, les jambes fléchies, les yeux rivés au ballon mal gonflé. L'attribution des rôles dans chacune des deux équipes d'électros s'était réglée au cours des semaines qui avaient suivi la rentrée. Quelquefois un arrière avançait à l'aile ou un ailier se rapprochait du centre, mais cinq postes conservaient, forme ou méforme, les mêmes titulaires : les buts, les avant-centres et l'arbitrage. Blavot, l'abonné au sifflet à roulette, était davantage taillé pour la lutte que pour le contrôle du jeu qu'il assurait de la touche, dans le prolongement du point d'engagement, son quintal de viande posé sur l'amoncellement des manteaux, des blousons, des chandails dont s'étaient allégés les joueurs des deux équipes. On avait pris l'habitude, à droite comme à gauche, d'accepter ses décisions et il se déplaçait rarement sur la surface pour appuyer de sa présence massive un coup franc ou un corner litigieux.

La majorité des apprentis chaudronniers, menuisiers, mineurs, regardait le match sans passion, piétinant pour combattre le froid et l'humidité. Quelques groupes arpentaient la cour en discutant, tandis qu'une quinzaine d'élèves assiégeaient les toilettes dans lesquelles ils entraient tour à tour tirer une ou deux bouffées de gris roulé. Il leur fallait verser un droit de passage au fils du tabac de Burbure qui faisait là fructifier son héritage à raison d'une tablette de chewing-gum, d'un carré de chocolat...

Lucien Ricouart s'asseyait sur les marches du perron et lisait, abrité du vent par le muret qui accompagnait l'escalier. Il aimait le foot à la radio ou dans les journaux. En fin de semaine quand il revenait chez lui, à Cauchel, il étudiait avec passion les résultats du championnat de France, et une défaite de Reims ou de Lens parvenait à obscurcir le plaisir qu'il ressentait à revoir son père et sa mère. Il se souvenait avec amertume de son unique match, joué à l'arrière-droite, et des injures, des réflexions qu'il avait fait semblant de ne pas entendre, pour un ballon perdu ou un attaquant démarqué... Son regard quitta la ligne de caractères et se perdit dans la marge floue. Il dut serrer les poings, les dents et retenir l'accélération de son souffle pour ne pas pleurer. L'insulte siffla entre ses lèvres.

– Salauds... salauds... salauds.

Pas un seul n'en réchappait. Il ne s'était fait aucun ami en classe, ni au réfectoire, ni au dortoir, et s'était acharné à domestiquer sa solitude : aujourd'hui sa haine dépassait la somme de leur mépris. Il ne parvint pas à reprendre sa lecture, les mots imprimés ne faisaient plus le poids.

La ville se trouvait à un kilomètre, passé Blavaincourt-Gare, une halte et un hangar posés au hasard sur la ligne de Béthune qui évitait le bourg. Ils y allaient quelquefois, le jeudi après-midi, en colonne sur le bas-côté, pour une séance au Family. Peu importait ce qui se tramait sur l'écran, ils n'avaient d'yeux que pour les visages, les profils des filles entrevus à la faveur des brusques éclats de lumière de *Quai des Orfèvres* ou de *Dédé d'Anvers*. Ils faisaient là leurs provisions de sourires esquissés, de mouvements de cheveux sur les épaules, de rires étouffés, toute une moisson d'instants qui revivraient sous les paupières closes et leur feraient oublier l'incroyable odeur de graisse des couvertures brodées aux initiales des Charbonnages de France.

Lontenois venait d'encaisser un but et ne trouvait à opposer aux reproches de ses équipiers que ses mains largement ouvertes et une grimace ahurie. Blavot étira son sifflement et fit remettre la balle au centre. Chochoy, dont le père était quelque chose au conseil municipal de Mazingarbe, une cité minière située à une vingtaine de kilomètres, s'apprêtait à passer le ballon en retrait, une feinte dont il était coutumier, quand les premières notes des cuivres claquèrent. Il suspendit le mouvement de son pied et posa son brodequin sur la balle. Les joueurs des deux équipes, les spectateurs dressèrent la tête, attendant la seconde attaque des musiciens pour en situer l'origine. Elle vint sous la forme d'un long roulement de tambour ponctué par le choc plus frêle des baguettes entre elles, puis toute la fanfare aligna le refrain de *La Madelon*. La musique arrivait de la départementale. Le terrain de foot se vida instantanément, excepté Blavot qui trônait sur son tas de fringues, son sifflet pendant à ses lèvres.

Lucien Ricouart les vit s'agglutiner au mur d'enceinte, se faire la courte échelle pour s'installer au faîte. Les bouts des souliers ripaient sur la brique, les joints de ciment égratignaient le cuir, la toile des pantalons... Il ne les rejoignit pas tout de suite, se contentant de franchir les dernières marches du perron et de se hisser sur la pointe des pieds. La fanfare se réaccorda après *La Madelon* et le vent effaça le début de *La Marseillaise*. Au-dessus de lui, les fenêtres s'étaient ouvertes et les professeurs pointaient la tête. Sa position lui permettait de voir l'angle de la route après le garage Wallaeys ainsi qu'une centaine de mètres de chaussée. Les musiciens, en uniforme gris et galons argentés, précédaient une rangée d'élus municipaux le torse barré en diagonale par l'écharpe tricolore, rouge en haut pour certains, bleu pour les autres. Venaient ensuite les rangs serrés des porteurs de drapeaux qui avançaient avec leur fragment de ciel rouge et mouvant. Les piques dorées brillaient par moments à la lumière rare de mars. La tête du cortège, bruyante et chamarrée, emmenait une longue file d'hommes, de femmes, d'enfants silencieux. Les mineurs défilaient en tenue, avec leurs lourdes chaussures de travail, leur bleu, leur casque, la lampe passée dans la ceinture de sécurité et ballottant au rythme lent de la marche. Les couples ne se reformaient pas, comme si, là encore, le travail dictait sa loi... Les femmes avançaient par les côtés, avec les mômes, et pas une ne posait le pied sur les pavés qui semblaient n'appartenir qu'aux hommes. Un camion suivait le cortège et une dizaine de vieux avaient pris place sur le plateau découvert. D'autres retraités, la visière de la casquette pointée vers le guidon, appuyaient mollement sur les pédales de leur vélo pour se maintenir dans l'allure. Ils furent à leur tour soustraits au regard de Lucien Ricouart par la masse du mur d'enceinte. Il se mit à courir vers le pavillon du gardien, à gauche du château.

Un groupe d'élèves se pressait déjà contre la grille et les mains s'agrippaient aux barreaux vrillés. La manifestation abordait maintenant la descente d'Houchicourt, droit sur le chevalet du puits d'extraction cerné par les gardes mobiles. D'autres militaires avaient pris position près des puits d'aération. Des silhouettes s'agitaient au sommet du terril. La fanfare s'immobilisa en silence à quelques mètres des uniformes. Les courroies glissèrent sur les épaules. Les crosses des mousquetons se posèrent ensemble sur le sol. Les élus se portèrent à l'avant pour négocier l'accès à la mine. Deux gradés vinrent à leur rencontre. Celui qui arborait le plus grand nombre de traits sur son képi prit la parole.

— J'ai des ordres précis : les mineurs peuvent passer un par un si c'est pour descendre au fond. Demandez aux femmes de s'éloigner et d'emmener les enfants, ils n'ont rien à faire ici.

Le maire d'Houchicourt se racla la gorge.

— Vous savez bien que pas un seul de chez nous n'ira à la mine sous la menace des fusils. Nous voulons simplement rencontrer le délégué des Charbonnages et lui remettre un message des élus du bassin.

Le gradé leva la tête en direction des drapeaux puis son regard remonta la longue file d'ouvriers casqués, avec toutes ces loupiotes éteintes.

— J'ai une copie du décret de réquisition en poche... Il m'autorise à les mettre au travail, tous, sans autre forme de procès! Alors soyez raisonnable : vous n'avez aucune chance de franchir cette ligne. Dites-leur de se disperser avant qu'il ne soit trop tard.

Il tourna les talons, imité par son subordonné. Lucien Ricouart retenait son souffle, et, sans même s'en apercevoir, totalement pris par la scène qui se déroulait à quelques dizaines de mètres de la grille, il se colla au dos de l'élève placé devant lui, appuya sa main sur son épaule pour garder l'équilibre. L'autre se retourna d'instinct. Un chaudronnier de dernière année.

– Hé! Faut pas se gêner...

Il identifia Ricouart et son agacement amusé se transforma immédiatement en un rictus de dégoût. Il fit face.

– Je croyais t'avoir dit de m'éviter, Ricouart, de ne jamais poser tes sales pattes sur moi... Je ne supporte pas le sang, même séché!

Il y eut quelques ricanements couverts par la fanfare qui entonnait *Le Chant des partisans*, entraînant le cortège et les drapeaux.

– Répète ce que tu as dit...

La première grenade lacrymogène éclata alors que le chaudronnier pivotait sur ses talons.

– Qu'est-ce que tu as, le couard? Tu n'as pas entendu?

Lucien serra les poings et se mit en garde.

– Je t'ai demandé de répéter, c'est tout...

Ça criait vers la fosse d'Houchicourt, une clameur ininterrompue ponctuée par le claquement sec des lacrymos, mais plus personne ne s'intéressait à la charge des gardes mobiles et à la tentative des mineurs de les déborder par les ailes en un mouvement de tenaille conduit de part et d'autre par les porteurs d'étendards. On faisait cercle autour des deux adversaires. Lontenois, Chochoy et

Blavot se tenaient au premier rang. Le fils du buraliste était là lui aussi, les joues pleines de chewing-gum, excitant le chaudronnier.

– Alors, Fressain, qu'est-ce que tu attends pour lui régler son compte?

L'arbitre du match hurla derrière son dos.

– Casse-lui la gueule!

Lucien ferma les yeux. Ils venaient d'exprimer l'impatience commune. Il savait qu'il n'était pas de taille, que l'autre se vantait de faire la loi dans les ducasses de son secteur, de Billy-Montigny à Noyelles-Godault, mais il était prêt à défendre chèrement sa peau, quitte à garder les séquelles de ce combat jusqu'à la fin de ses jours.

Il releva la tête et chercha le regard du chaudronnier. Il ne vit que sa nuque. Il ne comprit pas tout de suite la charge de mépris que Fressain avait mis dans ce refus de combattre. Quand il réalisa, la rage le submergea. Il voulut le contourner, l'obliger à faire face mais le cercle serré des élèves l'en empêchait. Il se mit à crier d'une voix suraiguë.

– Bats-toi! Bats-toi!

Le chaudronnier le repoussa violemment, d'un coup d'épaule.

– Je ne me bats pas avec le fils d'un assassin...

L'injure le paralysa, l'anéantit. Il sentit les larmes envahir ses yeux tandis qu'une immense fatigue douloureuse engourdissait ses muscles. Tous les autres, la surprise passée, reprirent en chœur les paroles de Fressain.

– Fils d'assassin... Fils d'assassin... Fils d'assassin...

Tout ce qu'ils avaient réprimé pendant des mois,

tous les regards en coin, les messes basses, les conciliabules, tout sortait d'un seul coup... Fils d'assassin... Ils s'écartèrent quand Lucien Ricouart se dirigea vers la grille. Au loin des groupes de gardes mobiles pourchassaient les manifestants isolés. Le gros du cortège se reformait sur un monticule, près des silos de la coopérative. Des cuivres brillaient, abandonnés dans l'herbe, des lambeaux de tissu rouge flottaient, accrochés aux branches basses des boqueteaux. Il souleva le loquet et tira la porte à lui. Personne ne le retint, personne ne le suivit. Une pierre le frappa au dos, des volées de gravier crépitèrent à ses pieds. Il s'éloigna à travers champs, droit devant lui. La terre labourée, amoureuse, formait une gangue pesante autour de ses chaussures, ralentissant sa marche. Il contourna les ateliers aux façades crénelées des forges d'Ardomchem et pénétra à l'intérieur du bois de Lécluse. Bientôt il surplombait le canal et l'enfilade des bassins de décantation. Il se jeta dans la descente en courant à fond de train, hurlant de désespoir. Son cri couvrit la cloche du château de Blavaincourt qui annonçait la reprise des cours. Plus tard, de sa règle de bois, le professeur de géologie désigna le pupitre inoccupé.

– Votre camarade Ricouart n'est pas là?

Blavot plongea son nez dans ses cahiers, Lontenois fit semblant de fouiller au fond de son cartable, les moins futés se contentèrent de hausser les épaules, l'air faussement innocent.

Le professeur de français ne s'inquiéta pas outre mesure de l'absence de Lucien et il fallut attendre l'heure du dîner pour qu'une certaine fébrilité s'empare du personnel de surveillance. Passe encore qu'un élève sèche un cours mais il était rarissime qu'il pousse le sacrifice jusqu'à se priver de manger. On inspecta les dortoirs, les greniers, les caves, on ratissa le parc, les communs. A la nuit l'inquiétude avait laissé la place à l'anxiété. Le directeur du centre rassembla les enseignants et les élèves les plus âgés dans le réfectoire. Il demanda le silence en tapant dans ses mains.

– L'un de nos pensionnaires a disparu... Il se cache vraisemblablement dans les environs. Ce n'est pas la première fois qu'un incident de ce genre se produit, même s'ils sont heureusement rares... On fait le mur pour passer une heure ou deux au bourg, on s'attarde et l'on n'ose plus rentrer de peur des sanctions...

Il fixa le groupe des élèves.

– ... Si l'un d'entre vous a vu Ricouart ou s'il a recueilli ses confidences, qu'il le dise : il lui rendra service et nous épargnera beaucoup d'efforts...

Il se balançait d'un pied sur l'autre, les mains jointes derrière le dos. Les professeurs, au grand complet, se tenaient devant le passe-plat et la vapeur grasse de la plonge qui arrivait par bouffées enveloppait leurs visages au moindre appel d'air.

Pas un des garçons ne broncha. Le directeur forma une dizaine d'équipes, chacune sous la responsabilité d'un enseignant ou d'un employé du service. L'économe distribua les quelques lampes de poche en état de marche qu'il avait pu trouver dans les armoires des élèves et compléta l'équipement de la troupe avec un lot de lampes tempête qui rouillaient dans un placard depuis la fin de la guerre. Vers six heures, le vent s'était mis à souffler de l'ouest, en rafales. Les averses se succédaient et tous les bruits de l'eau se mêlaient à ceux de la nuit. Ils traversèrent la cour du château en procession, les élèves en rangs compacts, les adultes devant, accrochés à leurs parapluies malmenés par les courants d'air. Les pointes dressées des capuches en caoutchouc prenaient des allures de cagoules... Jules Raffin, le prof de gymnastique, attribua les zones de recherche et personne ne songea à discuter ses décisions : il était originaire du secteur et s'imposait depuis quinze ans un minimum journalier de soixante kilomètres de vélo. Il figurait sur les tablettes du Tour de France, une victoire à Bordeaux dans le milieu des années 50, et s'il ne parvenait plus à se hisser à la hauteur des Anquetil et des Rivière, sa connaissance des routes et des recoins de l'arrondissement de Blavaincourt-Houchicourt ne cessait de s'étendre.

— Monsieur Rénelli, vous filez droit sur Hezecqhem mais sans passer par la rivière, prenez par les textiles... Quant à vous monsieur Colladent si vous pouviez suivre la voie du chemin de fer jusqu'à la gare de Maisnil-Servin et revenir par l'ancienne poudrière... On se limite volontairement à un rayon de trois kilomètres. Rendez-vous dans deux heures au réfectoire. M. le Directeur a prévu de faire servir une boisson chaude.

Les élèves transis de froid ne laissèrent paraître aucun signe de satisfaction. Le professeur de géologie donna l'ordre à son groupe de se déployer et de se diriger vers le bois de Palfart.

— Avancez doucement, j'arrive...

Il s'approcha de Jules Raffin en écartant son

parapluie pour ne pas cogner celui du champion cycliste.

— Vous ne croyez pas qu'il serait plus raisonnable de faire appel à la gendarmerie ? Le gosse Ricouart a peut-être eu un coup de cafard et pendant que nous risquons la pneumonie il mange certainement à la table familiale... Je ne vous cacherai pas qu'en ma qualité d'enseignant je me demande si nous sommes vraiment dans notre rôle... Sans parler des élèves...

Raffin l'écoutait en regardant son dispositif se mettre en place. Son pouce fit glisser le contact de la lampe torche et le faisceau lumineux éclaira violemment le visage de son collègue.

— Vous étiez là en 1960 ?
— Non...
— Et en 61 ?

Le professeur de géologie se déplaça et porta sa main libre devant ses yeux en grimaçant.

— Non... Baissez votre lampe, vous m'aveuglez ! J'enseigne à Blavaincourt depuis l'an dernier... Quel rapport avec ce soir ?

Raffin balaya la nuit, tenant sa torche à bout de bras. La pluie oblique faisait comme un rideau sur lequel la lumière s'émoussait.

— Ces années-là, on a hérité de plusieurs mômes très perturbés. Un surtout qui faisait la belle, régulièrement, avant les résultats du trimestre... On a prévenu les gendarmes. Une fois, deux fois... Ils battaient la campagne toute la nuit et au petit matin notre fugitif se présentait de lui-même à la grille pour le petit déjeuner ! A la troisième tentative, le directeur n'a pas bougé et ça s'est terminé comme à l'habitude...

– Et si cette fois, avec Ricouart, ça finit mal?
Jules Raffin remua la tête en souriant.
– Il n'y a aucune raison de se faire du souci... Je le connais ce garçon... C'est quelqu'un de mesuré. Je parie qu'on le ramènera avec nous d'ici deux heures. Sinon, ne vous en faites pas, le directeur téléphonera à la gendarmerie d'Houchicourt. Ça leur rappellera des souvenirs...

Il retourna près de ses élèves tandis que le professeur de géologie rejoignait son groupe qui l'attendait sous l'abri en béton des Cars rapides d'Artois. Bientôt la nuit effaça les silhouettes et l'on ne vit plus que quelques faibles points lumineux s'éloignant en étoile du château de Blavaincourt.

Francis Watbled enseignait la mécanique. Il était né à Leffrinckoucke, un village flamand du pays frontalier, et se faisait pardonner son accent en allant au-devant des désirs de ses collègues chtimis. Si le directeur avait besoin d'un prof de permanence un lundi de Pentecôte ou une veille de Pâques, il le trouvait au premier rang... Renelli et Colladent avaient également recours à ses services, lui demandant d'assurer leurs cours d'électricité ou de menuiserie, lui confiant leurs copies afin qu'il y jette un premier coup d'œil...

Blavot et Marc Blingel l'accompagnaient. Ils avaient quitté les pavés de la départementale. Les chemins de campagne défoncés par les roues des charrettes et des tracteurs retenaient l'eau dans leurs ornières. Il fallait marcher dans l'herbe, sur les côtés, en se tordant les chevilles. Le vent rabattait la fumée des forges sur le flanc de la colline.

Ils contournèrent les hangars et débouchèrent sur la route d'Ardomchem, à hauteur de la borne kilométrique. Marc Blingel s'arrêta et s'essuya le visage.

– On prend par quel côté, monsieur?

Watbled manquait d'entraînement. Ces quelques centaines de mètres l'avaient essoufflé. Il se posa sur la borne. La gouttière de son parapluie coula sur les jambes de son pantalon.

– Je ne sais pas trop... Qu'en pensez-vous tous les deux?

Blavot désigna le bois de Lécluse.

– Moi j'irais tout droit dans la forêt. La route retourne à Blavaincourt d'un côté et va vers la mine de l'autre... Il y en a qui cherchent par là-bas, tandis qu'il n'y a personne devant nous...

Marc Blingel l'approuva. Ils se mirent en marche suivis de Watbled. Ils traversèrent le bois de Lécluse, appelant le fugueur, les mains autour de la bouche, arrondies en forme de porte-voix. Leurs cris se perdaient dans le bruissement des branchages et le martèlement de l'eau sur les feuilles mortes.

– Ricouart... Ricouart... Ricouart...

Les appels des autres équipes leur parvenaient de droite, de gauche, comme des échos différés.

Ça ne cessait de grimper, jusqu'en lisière, et de là on surplombait la vallée de Boulans et le bourg dont on devinait, au loin, l'alignement des réverbères. Une trouée dans un nuage découvrit la lune, faisant luire l'eau du canal et des bassins de décantation. On avait éventré la colline lors de l'aménagement des bassins, mettant à nu de larges couches d'argile claire. Blavot glissa le premier, et son poids l'entraîna d'un coup au bas de la pente sans autre dommage que le réservoir en verre de sa lampe tempête brisé contre une pierre. Watbled perdit pied la minute d'après et termina sa descente sur les fesses, abandonnant son parapluie en chemin. Il se releva et tendit la main à l'élève qui pataugeait.

– Vous n'avez rien, j'espère ?

Blavot l'ignora, planta ses deux paumes dans la boue et, au prix d'un violent effort, se remit debout. Seul. Le professeur se dirigea en direction du bassin le plus proche. Le faisceau de sa lampe oscillait un mètre devant lui, au rythme de sa progression. Il aperçut tout d'abord le bâton posé sous le trait tracé dans la terre gorgée d'eau. Puis la lampe éclaira les lettres capitales qui faisaient autant de ruisseaux :

MON PÈRE N'EST PAS UN ASSASSIN

Il pointa sa lampe sur la surface du bassin. Le corps de Lucien Ricouart flottait à dix mètres de lui, la face dans l'eau, les bras en croix, près d'un pneu à demi englouti. Le professeur se retourna et vit Marc Blingel près de lui.

– C'est Ricouart ?

Watbled ferma les yeux, baissa la tête.

– J'en ai bien peur...

Son pied droit effaçait le message mais Marc eut le temps de lire.

– Il faut le laisser monsieur... C'est important...

Watbled se frotta le visage à l'aide de sa manche. De l'eau, des larmes.

– Laisser quoi? J'ai simplement aidé la pluie... Il a glissé, comme Blavot, comme moi, et roulé jusque dans l'eau, à moitié assommé... Un accident... Un regrettable accident...

On avait fait du feu dans la grande cheminée du réfectoire.

On servit aux élèves du vin chaud à l'acidité si prononcée que le sucre prévu pour une table de six parvenait tout juste à adoucir une tasse. Watbled demeura longuement en conversation avec le directeur. A un moment, Blavot et Marc Blingel les rejoignirent.

Le corps de Lucien Ricouart fut déposé à la morgue de la mine d'Houchicourt. La brigade de recherches de la gendarmerie confirma l'hypothèse d'une cause accidentelle. Le directeur de l'école professionnelle de Blavaincourt écrivit une lettre empreinte d'une grande dignité aux parents de Lucien Ricouart, leur précisant que l'économat tenait à leur disposition les effets personnels de leur fils.

Et la vie reprit son cours.

Chapitre 2

L'horloge marque deux heures. Jean Ricouart donne un coup de menton dans ma direction.

— Otez votre blouson... Si vous avez froid, je peux augmenter le poêle...

Il penche déjà sa chaise sur le côté pour atteindre le thermostat. Je quitte mon cuir.

— Je vous remercie mais ne vous dérangez pas. Il fait bon chez vous...

J'adresse un sourire de circonstance à sa femme qui se tient assise à ma droite près de la porte du jardin. Elle détourne les yeux. Je vérifie l'état des piles et le fonctionnement de mon Sony de reportage avant de le poser debout au centre de la table ronde, sur un napperon blanc ajouré.

— Ça ne vous gêne pas que j'enregistre? Sinon je peux simplement prendre des notes... C'est moins fidèle...

Jean Ricouart plaque ses mains sur la pile de papiers disposée devant lui. Il hausse les épaules.

— J'ai déjà payé pour tout ce que je vais vous dire... Je ne crains plus rien ni personne... Toutes ces histoires sont vieilles de plus de quarante ans... A mon avis ça n'intéresse pas grand monde, à part vous... Mettez-le en marche, votre truc, qui voulez-vous que ça gêne?

Je récupère mon calepin ainsi qu'un feutre dans la poche portefeuille de mon blouson et note les premiers éléments de l'interview : *Cauchel 15 novembre 1987. Interview de Jean Ricouart.*

— Vous avez quel âge?

Je la sens, à droite, qui manifeste des signes d'impatience.

— Je suis de 27. Le compte est vite fait : soixante ans depuis mai. Si vous avez besoin de la profession, j'ai changé pour mon anniversaire; vous mettez *retraité*.

Il pose ses coudes sur la table.

— Ils vont écrire tout ça dans votre journal?

Nous avions pris rendez-vous par téléphone et cela fait moins de cinq minutes que je suis face à lui. Quand il a ouvert la porte, je suis tombé sur un petit bonhomme, moins d'un mètre soixante, pratiquement chauve, la peau plissée au bas des joues, sous les paupières, au milieu du front et jusque sur le crâne. Il m'a conduit dans la salle de séjour, le dos voûté, traînant ses chaussons de feutre sur le carrelage. Un vieillard que son état civil vient de rajeunir de vingt ans, à mes yeux. Je le rassure.

— Je demande toujours ça, au début... C'est un peu comme quand on rencontre quelqu'un dans la rue et qu'on lui dit « Comment ça va? »... Qu'il y ait une réponse ou non, ça n'a pas d'importance... Ça permet de démarrer la discussion...

— Allons! Les journalistes ne sont pas aussi innocents...

— Je ne suis pas journaliste... J'écris une sorte de petit bouquin, une plaquette sur la Libération du Pas-de-Calais pour un éditeur de Saint-Omer. J'ai rencontré les gens de *La Voix du Nord*, ceux de l'o.c.m., des anciens des f.t.p. et des Milices patriotiques... Des chefs pour la plupart...

Jean Ricouart enserre le bas de son visage dans le creux formé par son pouce et son index puis il remonte sa main le long de ses joues, entraînant les plis de son épiderme vers le haut.

— Dans ce cas, vous faites fausse route. J'étais un simple franc-tireur : je n'ai jamais porté d'uniforme et encore moins cousu de sardines sur mes épaules!

Je saisis ma boîte de bière et renverse la tête en arrière pour faire couler les dernières gouttes.

— Justement, c'est ça qui est passionnant : on ne se souvient que de ceux qui donnent les ordres et qui retournent se planquer quand ça se met à chauffer... Dans ma plaquette, j'ai envie de laisser, pour une fois, la parole aux exécutants.

Je ne sais lequel de mes mots, laquelle de mes idées l'a touché, mais il semble accuser le coup. Il se tasse sur son siège et soulève sa boîte de bière, façon de masquer son trouble.

— Vous en voulez une autre?

— Tout à l'heure... J'ai besoin de garder les idées claires.

Jean Ricouart acquiesce et se tourne vers sa femme.

— Tu peux m'en amener une, Marie...

Elle se met debout en s'aidant des accoudoirs et l'embrasse sur la tempe, au passage. Elle doit avoir le même âge que son mari mais les années ne l'ont pas autant marquée. Elle ressemble à ces milliers d'autres femmes de soixante ans qui laissent venir l'âge sans capituler et combattent à leur mesure : mise en plis, fard, teinture, sans se faire d'illusions sur l'issue de la bataille. De la cuisine nous parviennent des bruits de bouteilles qui s'entrechoquent, de verres qui se cognent. Marie revient et dépose une Jeanlain d'un litre et deux bocks sur la table, après avoir repoussé mon magnétophone.

— Je vais aller à mon cours de peinture, tant qu'il me reste un peu de courage. Je serai de retour vers quatre heures.

Elle décroche son manteau de la patère et sort sans me jeter un regard.

J'appuie sur la touche « record » du Sony. L'intensité de la lampe témoin rouge se met à épouser les intonations de ma voix.

— On y va ?

Jean Ricouart se racle la gorge.

— Quand vous voulez.

CAUCHEL 20 JUIN 1944

On ne choisit pas l'époque à laquelle on vit. Je suis le dernier d'une famille de huit enfants. Le vieux travaillait à la fosse Saint-Gilles, la 3 du bassin de Cauchel où deux de mes frères l'ont suivi. Tous simples mineurs. C'est pas qu'ils n'auraient pas pu prétendre, mais on ne s'y serait pas retrouvés... Le matin quand il se levait, il toussait pendant un quart d'heure, une toux caverneuse qui faisait mal, rien qu'à entendre. Je n'ai jamais réussi à m'y habituer et, à bien y réfléchir, c'est sûrement à cause de ça que je n'ai pas voulu devenir mineur à mon tour... On habitait dans une maison des Houillères, à la cité du Point-du-Jour, en face de l'usine à gaz. La torchère éclairait la salle à manger, le soir, à travers les claies des volets. J'aimais bien bricoler et ça se savait. En échange de quelques sous j'aidais à refaire un toit, je réparais les freins d'un vélo, l'essieu d'une carriole... En octobre 43, l'oncle d'un copain m'a fait embaucher chez Usiméca, sur la route de Lorgnies. On y fabriquait des boggies. Ils venaient de construire un atelier de réparation destiné à remettre en état les trucks encore utilisables après un déraillement... Les wagons endommagés étaient dépecés près du triage d'Atrieux, à dix kilomètres de Cauchel et les pièces arrivaient directement par la voie ferrée de l'usine. Un groupe d'une cinquantaine de prisonniers allemands et polonais, avec lesquels il nous était interdit d'échanger le moindre mot, déchargeait les plateaux sous le contrôle des feldgendarmes. Leur camp se trouvait plus haut, au bout de la rue de l'Ingénieur-Martin, dans l'ancienne fabrique de dirigeables. C'étaient des politiques. Quand ils ne s'épuisaient pas à transborder la fonte à Usiméca, ils bâtissaient des blockhaus aux entrées des mines.

J'ai assisté à ma première rafle en février 44. A travers la verrière, on a vu les camions bâchés se garer dans la cour. Des soldats casqués ont fait irruption dans l'atelier et nous ont rassemblés le long du mur du magasin des pièces détachées. Le type qui nous fournissait les outils a eu le réflexe de se baisser derrière son guichet mais un militaire l'a fait déguerpir et l'a traîné au premier rang en lui mettant le canon de sa mitraillette dans le cou. On était bien trois cents, en bleus, les bras ballants, désespérés, à écouter leur chef qui lisait la liste des requis en écorchant les noms... Des copains se tournaient vers leur voisin, les traits décomposés.

— Putain, c'est moi... Il a bien dit Bressiard ?

— Bouge pas, j'ai entendu Pressian... C'est pas la peine qu'ils vous emballent tous les deux... Ces ordures ne font pas de détails...

Le gradé s'impatientait.

— Albert Bressiard... Nous savons que vous êtes là...

Une pression de la main sur une épaule.

— Préviens ma femme. Dis-lui de ne pas s'inquiéter, je m'en sortirai...

Quand les camions sont repartis avec vingt-trois des nôtres, on n'osait plus se regarder en face. Tout l'après-midi, la violence avec laquelle nous avons écrasé les pièces sur l'établi a remplacé les mots.

Au cours de cette période je servais d'aide à un rectifieur qu'on surnommait Soudan à cause de son père mort là-bas dans une guerre oubliée. J'entretenais la machine, les outils, j'alimentais en pièces. Je jouais pas mal de la lime aussi, ce qui me plaisait beaucoup moins. Le soir, aux vestiaires, il m'a pris à part.

— Qu'est-ce que tu penses, môme, du travail en Allemagne ?

Je me frottais les mains au savon noir et à la ponce pour venir à bout de la graisse et de la limaille incrustée dans ma peau.

— J'en pense trop rien, à part que s'ils ont besoin de main-d'œuvre, ils feraient mieux de rentrer chez eux, ça arrangerait tout le monde !

Il a souri en quittant sa veste.
- Et pour ce matin...

Je regardais mes ongles cernés de noir en songeant à la réponse d'une vedette de cinéma qui présentait son film dans *L'Écho du Nord* : *Ce qui m'est le plus insupportable au monde ? Énormément de choses à coup sûr, mais je dirais un homme aux ongles mal soignés.*

Qu'elle vienne passer une semaine chez Usiméca à ébarber la tôle, cette conne...

J'enlevai le plus gros. Soudan, en équilibre sur un pied, enfilait une jambe de son pantalon.
- Pour ce matin tu ne m'as pas répondu...

Je laissai tomber.
- C'est dégueulasse... On les embarque au hasard sans même leur laisser le temps de prévenir leur famille, d'embrasser leurs gosses. S'il m'avait appelé, l'autre avec sa casquette plate, je sautais par-dessus le comptoir des pièces détachées et je filais au travers des stocks... Une fois dans la cité Faidherbe, ils pouvaient toujours chercher... Je la connais mieux que ma poche !

Il boucla sa ceinture et de la main embrouilla mes cheveux que je venais tout juste de séparer en deux.
- Tu oublies les feldgendarmes. Ils n'auraient pas hésité à te tirer dessus : ils font partie de la même bande.
- Tu crois que je me serais laissé faire ?
- Ce n'est pas ce que j'ai dit, Jeannot. Ils tiennent tout, ce sont eux les plus forts. Si on veut avoir une chance de les battre ou même simplement s'en sortir, il faut réfléchir et nous organiser. Le courage c'est bien, on en a sacrément besoin, mais le tout, c'est de s'en servir au bon moment.

Il ne m'a rien dit de plus ce soir-là. Ses paroles n'ont pas cessé de me tourner dans la tête les jours suivants. Une semaine plus tard, Soudan m'a demandé de l'accompagner à l'atelier de montage.

— Ouvre le pot de graisse rouge et vides-en la moitié.

J'ai soulevé le couvercle à l'aide d'un tournevis et transvasé la graisse à pleines mains dans une vieille gamelle où trempaient des pinceaux.

— Maintenant tu remplis avec de la limaille en laissant deux bons centimètres pour compléter avec un peu de ta graisse rouge. Quand tu auras fini, referme le pot et suis-moi...

J'ai obéi mais la curiosité a été la plus forte.

— Qu'est-ce que tu vas faire avec ça?

— Pose pas de questions et viens, on a tout juste le temps pendant la relève de la garde.

On s'est faufilés à l'arrière de notre atelier et le contremaître, une vieille vache qui nous obligeait à marcher au sifflet, a fait semblant de ne pas nous voir. J'ai tiré Soudan par la manche.

— Hé! Viandier nous a repérés!...

Il était déjà dans la cour près des wagons-plateaux sur lesquels étaient chargés les boggies révisés.

— T'inquiète, on l'a dans la fouille. Enlève le couvercle du pot et soulève la petite couche de graisse... Tiens-toi contre moi... Si tu en vois un, tu la replaques sur la limaille en priant le Bon Dieu qu'il ne sera pas assez malin pour y plonger les mains!

Soudan a remonté deux wagons, étouffant le bruit de ses pas. Il s'arrêtait devant chaque boggie. Je trottinais derrière avec mon pot. Il raclait un peu de graisse sur les côtés, les doigts joints, puis la pétrissait dans sa paume en la mélangeant à la limaille. Il se penchait ensuite sous les boggies et bourrait les roulements avec sa pâte abrasive.

Le matériel allait quitter Usiméca dans un état proche de celui où il était entré !

Soudain Viandier nous siffla depuis le sas. Soudan se figea.

– Viens, on ripe... Tranquillement, sans courir...

Le contremaître ferma la porte derrière nous.

– Retournez vite à votre établi, ils font un contrôle de postes.

Je planquai le mélange sous un tas de chiffons de nettoyage avant de revenir près de la rectifieuse. Un ingénieur flanqué de deux Allemands inspectait l'atelier. Je réalisai, les voyant s'approcher de nous, que je n'avais pas ressenti la moindre peur. L'ingénieur ordonna la mise en route de la machine-outil à Soudan. Le moteur siffla puis trouva son rythme. Les Allemands hochèrent la tête, visiblement satisfaits du matériel.

Si quelqu'un m'avait dit ce jour-là : *Tu viens d'entrer dans la Résistance*, je crois bien que je lui aurais éclaté de rire au nez... La Résistance du pot de graisse !

Au cours des deux semaines suivantes j'ai participé à une dizaine d'actions de ce genre. Il nous était difficile, pratiquement impossible d'intervenir sur notre propre travail. Trop risqué en raison de la surveillance minutieuse qu'exerçaient les Allemands et du système de contrôle de qualité mis au point, à leur demande, par un groupe d'ingénieurs français. Nous sabotions le matériel en fin de chaîne, quand il était prêt à être livré, un jour les roulements, l'autre les freins ou les systèmes d'attache. Ça lâchait une semaine, un mois plus tard, en Pologne, en Hollande ou en Auvergne... Mis à part Soudan et Viandier, je connaissais trois autres membres des groupes de résistance d'Usiméca, deux anciens mineurs révoqués avant guerre par les Houillères et un Marocain du nom de Moktar.

En mai, la centrale électrique de la fosse 3 a sauté avec cinq sentinelles. En représailles, les Allemands ont fusillé huit gars de Cauchel qu'ils gardaient en otages dans la citadelle d'Arras. L'atmosphère s'est soudain alourdie en ville. Même pleines, les salles des cafés demeuraient silencieuses. Dans les rues plus personne ne se regardait et l'on pressait le pas au bruit des bottes, de peur de croiser une patrouille.

Soudan évitait mes questions et travaillait toute sa journée le nez baissé sur la machine. Je l'ai coincé près de la pointeuse alors qu'il cherchait son carton que j'avais planqué sous le mien, dans ma case.

– Ils nous massacrent et on ne bouge pas?

Il m'a forcé à rentrer dans la guérite, derrière le gardien.

– Comment ça on ne bouge pas! Et la centrale, tu crois qu'elle a sauté toute seule? L'opération du Saint-Esprit... Nous les vengerons tous. Au centuple... C'est une question de temps... Ce qui importe aujourd'hui, c'est de garder nos forces intactes.

J'ai approuvé mais il a bien compris que je n'étais convaincu qu'à moitié, que je n'en pensais pas moins. On a cessé de graisser les boggies à la limaille de fer et d'étrangler les conduits de Lockheed. Le travail était devenu sinistre. Quinze jours plus tard les Américains débarquaient à trois cents kilomètres de Cauchel.

Nous habitions depuis toujours à une centaine de kilomètres des côtes anglaises mais jamais notre salut ne nous avait paru si proche. En quelques heures la peur a changé de camp. On le sentait, physiquement... L'index des sentinelles ne quittait plus la détente des fusils, le martèlement des semelles sur les pavés de la place n'était plus aussi régulier. Et on les voyait disposer des sacs de sable devant la mairie et l'ancien *Hôtel du Marché* réquisitionné par la Feldgendarmerie.

– Le renard a mangé ses raisins verts...

Quand Soudan a prononcé cette phrase, sur le ton de la confidence, j'ai d'abord pensé qu'il avait abusé de l'alcool du père Zalnikowski, le Polonais de l'atelier n° 2!

– Tu te mets à la poésie maintenant?

– Arrête tes conneries môme, c'est sérieux : le message est passé hier soir sur *Radio-Londres*. On se lance dans la bagarre. On doit faire tout notre possible pour soulager ceux du débarquement...

Il m'a regardé droit dans les yeux avec un air de gravité que je ne lui connaissais pas.

– On risque de tuer... Et aussi de se faire tuer... Si tu en es, il faut que tu le saches. Alors?

J'ai cherché sa main et je l'ai serrée, à en arrêter le sang.

– Je ne rêve qu'à ce moment depuis des semaines et tu me poses la question! File-moi un flingue, une grenade et tu verras de quoi je suis capable.

Soudan m'attira contre sa poitrine puis il posa ses paumes sur mes épaules.

– Les armes, on n'en a pas... Notre premier objectif est justement celui-là : nous en procurer, par tous les moyens en espérant que, là-bas, ils penseront à nous mettre sur la liste des parachutages.

J'ai passé la journée à préparer des pièces, pour la machine. Des heures caoutchouc, qui n'en finissaient pas, comme si la grande aiguille, sous la verrière, ne parvenait plus à remonter la pente. Vers cinq heures, Moktar a fait semblant de m'emprunter un foret. Il a examiné le tranchant à la lumière.

– Va boire un coup chez Raymond en sortant. J'ai besoin de te parler.

C'était un vieux café de mineurs, dissimulé dans un recoin, près de la place du marché, sur la route de Barclin. Raymond avait passé une bonne partie de sa vie à la fosse 5. Il avait laissé une jambe au fond, le déraillement d'un wagonnet, ce qui lui avait payé une prothèse et son troquet en prime. La clientèle était exclusivement composée d'anciens qui occupaient en permanence les quatre tables, lisant les journaux ou tapant le carton devant un ballon de rouge, une bière. La femme du patron annexait la moitié de l'arrière-salle avec son linge, ses fers et ses pattemouilles. Les étagères, derrière le bar, étaient encombrées de cadres, de trophées, de diplômes, au milieu desquels trônait un impressionnant coq en céramique dont l'œil abritait un baromètre.

Raymond ne courait pas après l'argent et vivait de sa pension, comme un mineur. Le café qu'il servait était encore plus lavasse qu'ailleurs, l'alcool plus rare encore. Les Allemands ne s'y montraient que lors des grandes opérations et le silence s'installait quand un inconnu venait y boire par hasard.

La femme de Raymond nous ménagea une place sur le coin de la table qui lui servait de planche à repasser et fila dans la cuisine. Moktar se pencha vers moi, baissant la voix au minimum.

— Soudan m'a dit que tu étais partant... Tu as bien réfléchi aux conséquences?

Je le lui confirmai, d'un mouvement de la tête.

— Ça te dit de faire équipe avec moi?

Je ne contrôlai pas ma réaction et m'en voulus aussitôt.

— J'étais avec Soudan...

Moktar marqua le coup.

— Soudan a d'autres responsabilités. J'obéis à ses ordres.

— Excuse-moi. Ça m'a échappé, ce n'est pas ce que je voulais dire... Je suis heureux de faire équipe avec toi.

— Alors écoute bien et ne pose pas de question. Demain dimanche, à onze heures précises au clocher de Saint-Éloi, trouve-toi devant la poste de la route d'Atrieux. Tu vois la quincaillerie Osseland?

J'approuvai.

— Tu t'assures que le porche de droite est bien ouvert, sinon tu passes par-derrière et tu relèves le loquet. Au fond de la cour, il y a toujours des caisses, des planches... Tu t'arranges pour les disposer en escalier, de sorte que quelqu'un puisse sauter le mur... Ça va jusque-là?

Je récapitulai.

— Onze heures dimanche, le porche de la quincaillerie, le loquet, les caisses en escalier... Et si le père Osseland me demande ce que je bricole dans sa cour?

Il se tut quand la femme de Raymond nous servit nos bocks.

— Ne te fais pas de soucis pour le père Osseland, on a des copains dans ses rayons... Il sait où est son intérêt. Dès que tu as terminé, tu reviens te placer à l'entrée de la poste, près de la herse à vélos. Ce sera à moi de jouer et tu feras exactement ce que je te dirai.

Je ne fermai pas l'œil avant l'aube. Le vieux s'arrachait les poumons dans la chambre du dessus. Les coups de vent sur la torchère faisaient danser les ombres aux murs. J'essayais d'imaginer la mission du lendemain, à moins de deux cents mètres de la Feldgendarmerie. J'étais prêt à tout. La nuit, au bord du sommeil, aucun ennemi ne fait le poids. Hitler et ses Panzerdivisions n'avaient qu'à bien se tenir : les légions de Ricouart et Moktar entraient dans la danse !

La frousse s'est pointée d'un coup, en buvant la soupe du matin. J'ai couru deux ou trois fois de la cuisine au fond du jardin. Mon plus jeune frère ricanait.

— Hé ! Jean ! change d'endroit... Va te soulager dans la fosse des Houillères, ils ont prévu large ! La nôtre va déborder, si tu continues...

Je me suis lavé à la pierre, près de la porte, au-dessus de la vaisselle de la veille. J'ai remis mes habits de semaine, malgré les récriminations de la mère comme quoi, même si on est pauvres, ce n'est pas une raison pour le faire savoir. J'ai enfilé des chaussures plates à semelles souples et noué un double nœud aux lacets.

Quelques personnes attendaient la sortie de la messe sur la place Saint-Éloi. Le marchand de bois se démenait devant le capot ouvert de son camion, pestant contre les gazogènes. Il m'accueillit comme le Messie.

— Hé! le fils Ricouart!... Tu peux me dire ce qui ne va pas dans ce foutu alambic...

— Excusez-moi, monsieur Bève, je n'ai vraiment pas le temps... Une prochaine fois...

Il m'adressa un clin d'œil.

— Tu as rendez-vous? Elle est jolie au moins...

Je me mis à rougir et ce fut le plus efficace des laissez-passer. Les cloches se mirent à sonner. Je traversai devant la poste pour aller vérifier l'ouverture du porche, cherchant Moktar du regard. Les fidèles se dispersaient sur le parvis. Je l'aperçus marchant derrière un groupe, se tenant un peu plus raide que d'habitude. Il portait un chapeau qui dissimulait le haut de son visage. Il s'installa contre l'escalier de l'une des premières maisons de la rue Saint-Gilles et m'adressa un discret signe d'interrogation. Je clignai d'un œil, en réponse. *Tout va bien*. Bientôt la place fut vide. Une porte s'ouvrit, un peu plus haut dans la rue. Un soldat allemand en sortit et se dirigea vers nous, l'air serein. Moktar se mit en mouvement, s'arrangeant pour que le militaire le suive à une dizaine de mètres. Parvenu à ma hauteur, il prit une cigarette dans une de ses poches et s'arrêta devant moi comme s'il me demandait du feu.

— Tiens-toi prêt et fais exactement ce que je te dirai...

L'Allemand se rapprochait, la tête baissée, admirant les effets de lumière sur ses bottes impeccablement cirées. Quand il fut à moins d'un mètre, Moktar tira un énorme colt de sa ceinture, fit volte-face et appuya par deux fois sur la détente. Les coups de feu claquèrent et firent plus de bruit dans mes oreilles que les cloches de Saint-Éloi un jour de ducasse. Un nuage de poudre brûlée flottait autour de moi.

— Prends-lui son fusil, sa cartouchière et regarde s'il a un flingue à la ceinture... Grouille-toi, ils doivent s'affoler à la Feldgendarmerie... Je te couvre...

Je me décollai du mur et avançai sans trop comprendre. Je me baissai. Soudain le soldat se mit à bouger. Il se releva, se tenant le ventre à deux mains. Du sang épais sourdait entre ses doigts. Il commença à hurler et à marcher vers moi.

— Moktar... Moktar... Il n'est pas mort...

Il s'était jeté sur moi et tentait de m'étrangler de ses mains poisseuses, une étreinte molle, sans force. Je sentais la chaleur humide de son sang qui inondait ma chemise. Moktar revint sur ses pas et lui tira une balle dans la nuque, à bout portant.

— Laisse! On a trop traîné... Ils vont arriver.

Je m'agenouillai près du cadavre et ramassai le fusil de la main droite. De la gauche, j'écartai le pan de sa vareuse. La crosse métallique d'un mauser dépassait de l'étui de cuir. Mes doigts s'agitèrent sur la languette. Je me redressai. Les rares passants s'étaient figés. La peur leur interdisait le moindre geste. Des mannequins pétrifiés rendus plus étranges encore par la rumeur cotonneuse qui bourdonnait à mes oreilles. Soudain la voix de Moktar éclata, sur la gauche.

— Grouille-toi. Les voilà!

Je traversai la route d'Atrieux et m'engouffrai dans le porche de la quincaillerie Osseland. Une patrouille de feldgendarmes venait de contourner l'église Saint-Éloi, leurs fusils braqués.

— Vas-y, je les retiens... Ne rentre surtout pas chez toi... On se retrouve chez Tourbier...

J'escaladai l'empilage de caisses, encombré par le fusil, et sautai dans les jardinets des Houillères. Je piétinai les plants de tomate, les carrés de poireaux, des rangs de carottes, franchissant une multitude de clôtures, de barrières. L'écho de la fusillade s'atténuait. Je m'arrêtai dans un verger pour reprendre mon souffle et scrutai les parcelles au travers des feuillages, espérant apercevoir Moktar. Deux coups de feu claquèrent en direction de la poste puis ce fut le silence. J'entrai dans une cabane de jardin, planquai le fusil sous le toit de tôle, en équilibre sur un madrier. Je gardai le mauser à la main. En sortant de l'abri, je tombai nez à nez avec un vieux bonhomme armé d'une pioche.

— Qu'est-ce que tu es venu chaparder chez moi?

Il vit le pistolet et abaissa son outil.

— C'est donc pour toi qu'ils font tant de raffut... Faut que tu files... Tu connais les étangs de Barclin?

— Oui.

— Tu vois celui de droite... On peut rentrer à pied dedans à cette époque. On a de l'eau jusqu'au cou. Du bord on dirait des joncs, mais c'est comme des petites îles... Quand on pouvait chasser, qu'on avait des fusils, j'y restais des journées entières et je n'y rencontrais que des canards et des poules d'eau... Je n'y ai jamais vu une autre paire de bottes que les miennes, tu peux en être sûr!

J'étais trop perdu pour douter de sa parole. Je me mis à courir, sans même lui avoir répondu, vers les étangs de Barclin. Je me cachai dans les joncs, me déshabillai pour faire sécher mes vêtements au soleil et attendis jusqu'au soir. Je ne connaissais Tourbier que de nom, mon père en parlait souvent comme d'un traître parce qu'il avait quitté la c.g.t. pour la c.f.t.c., après le pacte germano-soviétique. Quand mon frère objectait que ça ne l'avait pas empêché de se mouiller pendant la guerre de 1941, le père plongeait le nez dans son assiette et lançait un : « Ça excuse rien ! » définitif. Il n'existait pas d'autre Tourbier à Cauchel, sinon Moktar m'aurait donné l'adresse. Vers onze heures je me déshabillai pour ne pas mouiller mes vêtements et rejoignis la berge. La cité Saint-Gilles se trouvait à trois kilomètres, droit devant. Je préférai contourner la ville par les champs et ne pas risquer de tomber sur une patrouille. J'entrai dans Cauchel par Guitignies bien après les cloches de minuit. Je me rappelais qu'il habitait rue de Calais. Je dus longer les façades du coron, terrorisé par les aboiements des chiens, lire un à un les noms sur les boîtes pour trouver la maison. Je tirai le mauser de ma ceinture et cognai à la porte avec l'extrémité du canon. Elle s'ouvrit pratiquement dans la seconde. Deux gros yeux me dévisagèrent puis la face joufflue d'un homme d'une quarantaine d'années apparut dans l'entrebâillement.

– C'est Moktar qui m'envoie...
– Entre vite... Ils sont devenus fous furieux.

Je compris à son intonation que j'étais enfin en sécurité. Il me fit manger dans le noir. Bien plus tard, alors que l'image du soldat moribond repoussait le sommeil, l'écho lointain d'un bombardement fit vibrer les fenêtres.

J'avais fêté mes dix-sept ans deux semaines plus tôt et c'était la première fois que je dormais hors de chez moi.

Chapitre 3

Il s'arrête. Je l'interroge du regard. Il tend les mains, les croise, imitant des ciseaux, pour me faire comprendre de couper le magnétophone. C'est presque toujours comme ça : ils n'osent pas le dire tout haut, de peur que leur trouble n'amoindrisse la sincérité de leur discours. Je pousse le bouton sur « pause ». J'essaie de ne pas lever les yeux vers la télé, mais c'est plus fort que moi, impossible d'éviter le gamin dans son cadre. Jean Ricouart se met debout et ouvre le poêle à l'aide d'un crochet. Il racle le brûleur et le fond de la cuve avec un tisonnier à bout plat puis se rassied.

— Vous pouvez fumer si vous avez envie...

Je n'ai pas osé toucher à mon paquet de cigarettes depuis le début. J'en allume une en consultant mes notes. Jean Ricouart ne fait partie d'aucune association d'anciens résistants ou d'anciens combattants. Tous les responsables que j'ai pu rencontrer ignoraient son nom et ses états de service. Moi-même, je n'avais pas fait le rapprochement avec Lucien avant d'entrer dans cette pièce... Une trop vieille histoire... Et c'est justement André Wiscar, surnommé Soudan, qui m'a mis sur la piste de Jean Ricouart, à la fin d'une interview alors que je lui citais la liste des anciens F.T.P. que je comptais rencontrer.

– C'est bien ce que vous voulez faire... mais à mon avis moins on en a à son actif et plus on en raconte... La guerre nous a coûté très cher dans le coin, on n'a pas été épargnés... Fusillés, déportés, torturés... C'est pas pour ça qu'il n'y a eu que des héros ! J'en croise au marché qui portaient le béret de la Milice, qui faisaient la quête pour l'anniversaire du maréchal... Allez demander la carte de visite de l'avocat de la rue Gambetta... Dessus il aligne ses décorations... Légion d'honneur, médaille de la Résistance... Posez-lui des questions sur son activité au barreau de Douai en 43... Pendant ce temps-là certains se taisent alors qu'ils ont risqué leur peau plus souvent qu'à leur tour...

J'avais hasardé :
– Qui par exemple ?
Et Soudan m'avait lancé :
– Il y en a des dizaines... Qui vous dire ? Je ne sais pas, il y a mon ancien arpète d'Usiméca en 44. Jean Ricouart. S'il accepte de vous recevoir et de vous parler, ça aura un sacré poids. C'est moi qui l'ai embringué dans la Résistance. On sabotait les wagons à la limaille et à la pâte d'émeri... Un gars courageux, pas un résistant en peau de lapin... Ils ne le lui ont pas pardonné, à la Libération...

J'ai senti qu'il se reprochait d'en avoir trop dit.
– A quoi faites-vous allusion ? Il a eu des ennuis ?
Soudan s'était levé pour mettre un terme à la conversation.
– Allez le voir de ma part. Vous verrez bien s'il a

envie de se confier... Il habite à Cauchel, dans le nouveau village, près de l'Intermarché.

– La cité des Cosmonautes?

– Oui, c'est ça... Je sais que ce n'est ni la rue Gagarine ni la rue Terechkova... Il a hérité d'un des noms américains... Carpenter je crois... Oui, c'est bien Carpenter, ça me fait penser à Carpentier, le champion de boxe...

Jean Ricouart me tend la bouteille de Jeanlain.

– Servez-vous.

Je prends la bière et m'en verse un demi-verre.

– C'est curieux que vous ne participiez pas aux activités des associations d'anciens résistants... Vous avez été décoré pour cette histoire, avec le soldat?

Il sourit. Un sourire désabusé.

– On ne pense pas aux médailles dans ces instants-là... Je crois profondément que personne ne mérite de décoration pour avoir tué un homme. Quel qu'il soit... A certains moments, il faut en venir là, et il n'y a rien de plus triste au monde...

– C'est surtout une manière de reconnaissance, pour ne pas oublier les sacrifices...

Il vide son verre d'un trait.

– C'est justement ça qu'il faudrait : oublier. On pose souvent la question : *Si on vous offrait de vivre une nouvelle fois, referiez-vous la même chose?* Presque toujours on entend la même réponse : *Oui, ce n'était pas si mal, tout compte fait.* Moi, je donnerais tout le reste de mon existence pour revivre une jeunesse différente... Il est mort avec ses doigts autour de mon cou... J'ai senti la vie l'abandonner quand Moktar l'a achevé...

Il tend le bras vers mon paquet de cigarettes et en tire une par le filtre. Je lui offre du feu.

— Vous le revoyez toujours ce Moktar? J'aimerais bien le rencontrer.

Jean Ricouart rejette sa fumée en toussant.

— J'ai juste besoin de fermer les yeux pour le revoir! Les images sont gravées à l'intérieur de mes paupières... On m'a expliqué, plus tard, qu'il avait reçu une balle dans l'épaule alors qu'il protégeait ma fuite. Il leur a tenu tête jusqu'à épuisement de ses munitions. Ils l'ont emmené à Arras sans même le soigner. On pense qu'il a été fusillé le 21 juin, dans les fossés... Son corps n'a jamais été retrouvé et comme il n'y avait sûrement pas assez de place au cimetière de Cauchel, on a évité de lui creuser un trou. L'étoile et le croissant au milieu des croix, ça aurait déparé! Pourquoi voulez-vous que je coure après une médaille quand on n'accorde pas de tombe à celui qui m'a sauvé la vie au prix de la sienne?

Il écrase la cigarette presque intacte dans le cendrier.

— Je ne sais pas comment je me suis retrouvé avec ça au bec! J'ai arrêté il y a plus de dix ans... Si ma femme me voyait, elle ferait un de ces ramdams... Allez, remettez votre truc en route, je suis prêt.

CAUCHEL 26 JUIN 1944

Je ne bougeai pas de la maison des Tourbier d'une semaine entière. Le père me ménagea une cache derrière le tas de suie, à la cave. Il dégagea une trappe par laquelle on pouvait accéder au jardin, en cas de perquisition. Pour passer le temps je lisais, au hasard, des journaux que je prélevais dans les piles entières qui pourrissaient sous l'escalier. *L'Illustration*, *La Vie des corons*... On y parlait du chancelier Hitler, de ses succès économiques, de l'ordre magnifique des défilés. Tourbier me réveillait le matin avant de partir à la mine. Il me descendait une cuvette d'eau pour me laver et de quoi déjeuner : du pain et de la lavasse chaude, pire qu'à la maison. Sa fille, Marie, m'apportait le repas du midi. Je devais ce moment de bonheur au fait que la mère Tourbier souffrait des reins, bloqués depuis des années, et que son corset lui interdisait de s'aventurer sur l'escalier abrupt menant à la cave. Marie était un peu plus vieille que moi, elle allait sur ses dix-huit ans. Quand la porte couinait, vers midi, je me précipitais vers le bord du tas de suie et l'observais, les yeux écarquillés, qui descendait les marches. Ses pieds d'abord, pris dans des chaussures de toile, ses chevilles ensuite recouvertes de chaussettes fines puis ses jambes qui faisaient battre mon cœur... Elle avait un geste pudique de petite fille pour ramener sa jupe contre ses cuisses, afin que le tissu ne vole pas. Quand elle atteignait le sol, elle levait les bras pour saisir le plateau qu'elle avait posé en haut, près de la porte. Je voyais son corps de profil s'étirer, sa poitrine saillir. La lumière grise du soupirail mettait de l'or dans ses cheveux. Elle ne ressemblait à aucune des filles que j'avais approchées jusque-là...

Elle installa le plateau sur une lessiveuse percée qui me servait de table. Je soulevai la serviette posée sur l'assiette, découvrant une omelette aux pommes de terre et des fraises. Elle rit.

— Ce sont les premières de l'année. Je les ai cueillies pour vous ce matin... Ça vous fait plaisir?

Je laissai retomber la serviette sur mon déjeuner et m'approchai d'elle.

— Ce n'est pas ça qui me fait le plus plaisir, Marie.

Mes doigts se perdirent dans ses cheveux et j'attirai son visage devenu grave contre le mien. Elle ferma les yeux et entrouvrit les lèvres. Je l'étendis doucement sur mon lit de fortune entre deux monticules de charbon, dégrafai sa robe et la fis glisser jusqu'à ses pieds. Elle leva ses genoux pour ôter sa culotte. L'éclat de son sexe brilla un instant. Je frottai mon front à ses seins tièdes tout en quittant mon pantalon. Je me plaçai entre ses cuisses. Elle m'obligea à regarder ses larmes, prit ma main dans la sienne et me les fit effacer.

— Sois gentil, ça ne m'est jamais arrivé...

Je n'osais pas lui avouer que, moi le héros, j'en étais au même point qu'elle, que j'étais mort de trouille... Elle étouffa ses cris pour éviter que sa mère, au-dessus, ne nous entende. Puis nous sommes restés nus, longtemps, émerveillés de nos corps rapprochés. Elle avait faim. Nous avons partagé l'omelette et les fraises. Je l'ai aidée à se rhabiller en retardant, par des jeux, le moment de nous quitter. Alors qu'elle remontait l'escalier de bois j'ai saisi sa cheville.

— Attends, Marie...

Elle s'est baissée pour me faire lâcher prise.

— Laisse-moi, s'il te plaît... Ma mère va commencer à se poser des questions!

— Ce n'est pas ça... J'ai écrit un mot à mes parents. Ils doivent s'inquiéter et se demander où je suis passé. J'ai juste marqué que je suis en bonne santé, qu'ils ne se fassent pas de souci pour moi. Tu peux le glisser dans leur boîte? Ils habitent à la cité du Point-du-Jour.

Elle prit la lettre.

— Je la mettrai plutôt à la poste. Si les Allemands te recherchent, il est probable qu'ils surveillent la maison de tes parents.

Ma main s'envola de la cheville jusqu'au creux du genou. Elle frissonna et gravit l'escalier sur la pointe des pieds.

On reprit contact avec moi le lendemain matin. Un tout petit bonhomme d'une quarantaine d'années, chauve et gras, que Tourbier me présenta comme *Couture, des F.T.P.* vint me voir dans mon réduit. En fait, j'ai appris plus tard qu'il s'appelait Raymond Schots et devait son surnom à sa femme qui tenait un magasin de mercerie à Heurindecques. Il me salua. Sa main était humide et molle.

— Alors, comme ça c'est toi le fils Ricouart...

— Si tu en restes à Couture, moi ce sera Jeannot.

Il me tapota l'épaule.

— Bien répondu. J'aime les gosses qui ont du caractère. Tu as appris pour Moktar?

Je regardai le père de Marie et approuvai.

— Oui. Ils ne l'emporteront pas au paradis... Je ne demande qu'à le venger...

Il s'assit sur un tas de journaux.

— Il y a un temps pour chaque chose. Les Allemands sont sur le qui-vive. Nous n'avons pas les moyens de les attaquer de front...

Je lui coupai la parole.

— Je n'ai pas l'intention de me terrer indéfiniment ici en attendant l'arrivée des Américains! Je ne me vois pas en train de me débarrasser de mes toiles d'araignée pour les acclamer... Il y a déjà près d'une semaine que je vis dans ce trou. Je n'y resterai pas une heure de plus si on ne me dit pas ce qui se prépare!

Mon accès de colère le fit sourire.

— Rassure-toi, on ne t'a pas oublié. La preuve : je suis ici. Tu as une arme?

— Oui, j'ai récupéré le mauser de l'Allemand que Moktar a descendu. Il est planqué dans le coin, sous le tas de bois...

— Et le fusil? Un des vendeurs de la quincaillerie Osseland t'a vu courir avec...

— Je l'ai caché dans un abri de jardin, sur la route des étangs. On peut aller le chercher...

Couture passa la langue le long de la cigarette qu'il venait de rouler entre ses doigts boudinés.

— On verra ça plus tard. Tu as déjà tiré au pistolet?

Je sentis le rouge me monter aux joues tandis que je répondais :

— Oui...

Mais l'obscurité de la cave dissimula mon trouble.

— Très bien. Tu le remettras à Marie. Elle est chargée de le transporter jusqu'à Saint-Omer. Elle a l'habitude de prendre le car toutes les semaines et elle n'est jamais fouillée. Toi, tu te débrouilles pour trouver un vélo, le premier fera l'affaire. Il faut que tu sois derrière les moulins Caullet à cinq heures précises, sur le petit pont du canal. Marie arrivera par la route. Elle passera devant toi, lentement. Tu devras prendre ton arme dans son sac, sans lui adresser le moindre mot. Ensuite, tu me rejoindras sur le chemin de halage du canal de Neuffossé, en contrebas. Compris?

— Oui, ce n'est pas compliqué... A part le vélo...
Couture fronça les sourcils.
— Quoi le vélo!
— Je ne sais pas à qui l'emprunter...
Le père Tourbier haussa les épaules.
— Il ne t'a pas demandé de l'emprunter : il t'a dit de te débrouiller!

Marie me rejoignit le midi avec un plat de ficelles picardes. Ses longs cheveux étaient ramenés en arrière, sur le sommet de sa tête, une natte épaisse tenue par des épingles colorées. Je la déshabillai dans l'air chargé de poussière sans même oser regarder son corps. Je lui fis l'amour là, debout, le visage collé à son épaule. La natte se défit, lentement. Ses cheveux m'inondèrent. Je sortis de cette caresse blonde et tendis la main vers le plat. Des cerises, deux couples joints. Je lui offris des pendants d'oreilles que je grapillai à pleine bouche tandis qu'elle se protégeait en riant.

— Tu es fou! On ne mange pas le dessert en premier...

Je m'apprêtais à l'allonger sur mon lit quand la voix de sa mère retentit dans la cave. Je levai les yeux. Le visage de la mère Tourbier s'encadrait dans la porte ouverte.

— Rhabille-toi, et plus vite que ça! Tu sais ce qui te reste à faire...

La porte claqua violemment. Je pris Marie dans mes bras. Elle se mit à pleurer. Je la berçai pour la consoler.

— Ne t'inquiète pas... Je t'aime... On leur expliquera...

— Tu ne la connais pas... Tu pourras lui expliquer cent fois, elle ne comprendra rien...

Je pris le pistolet dans sa cache et le lui donnai quand elle fut prête.

— Je ne savais pas que tu en faisais partie, toi aussi. Sois prudente. S'il t'arrivait quoi que ce soit, je n'aurais plus la force d'aller plus loin.

Il fallait compter deux heures pour rejoindre Saint-Omer par les petites routes, en évitant les carrefours surveillés. Je quittai la rue de Calais un peu après quatorze heures. La mère de Marie me ficha un sac entre les mains, brusquement.

— Tiens, c'est pour toi, si tu as un creux en chemin.

Je la remerciai sans trouver le courage de lever les yeux vers elle. J'allais tourner les talons quand elle m'attrapa par les épaules.

— Je t'embrasse quand même, mais ne va rien t'imaginer : c'est seulement parce que je ne sais pas si je te reverrai un jour...

Des vélos, il y en avait à tous les coins de rue. Par principe, on ne les attachait pas. On ne se vole pas entre mineurs. Je me promenai un quart d'heure durant, les dévorant des yeux sans pouvoir me décider à sauter le pas. Le plus beau était appuyé au mur des *Trois-Marches*, un estaminet de la rue

Gambetta. Un Peugeot à dérailleur, une rareté avec laquelle les trente-cinq kilomètres qui me séparaient de Saint-Omer se seraient transformés en véritable partie de plaisir. Malheureusement je pensais aux sacrifices qu'avait dus consentir son propriétaire pour l'acquérir. Je me décourageai et me rabattis sur un vieux clou à pignon unique et frein au pédalier qui rouillait le long d'une palissade près des tréfileries. J'avais été contraint à voler mais j'avais sauvé l'honneur en me contentant du minimum !

J'évitai la nationale de Thérouanne et naviguai sur les routes départementales de Boëseghem à Wardrecques, croisant les cinq tonnes des cristalleries d'Arques et les charrettes des paysans tirées par leurs moteurs à crottin. Il fallait traîner le cadre comme un boulet. Je m'essoufflai à grimper la côte la plus insignifiante, les mollets douloureux. Je longeai le canal à partir des Fontinettes, m'arrêtant pour reprendre des forces à quelques kilomètres de Saint-Omer. Des péniches bourrées jusqu'à la gueule de charbon remontaient vers Dunkerque. De la cabine, les soldats allemands scrutaient les berges du canal. Les minoteries Caullet se trouvaient à cheval entre l'Aa et le canal de Neuffossé, juste au-dessus de l'écluse Saint-Bertin, un bâtiment aveugle appuyé à un pont. Je descendis de vélo et m'accoudai au parapet. La robe de Marie faisait une tache claire sur le chemin. Je plissai les yeux pour distinguer ses traits, sa bouche. Elle se retenait pour ne pas courir, tenant son sac serré contre sa poitrine. Le tissu de sa robe épousait la forme de ses cuisses, de son ventre. Elle marqua le pas en accédant au pont, se retourna lentement et fit semblant, le talon soulevé vers l'arrière, de remettre en place la bride de son espadrille. Un mouvement harmonieux de tout son corps qui me mouilla les yeux. Elle reprit sa marche et passa au ralenti devant moi, sans me regarder, le sac béant à son bras. Je plongeai la main, sentant le froid de l'acier sous le linge. Je coinçai le mauser sous ma ceinture et rabattis le pan de ma veste. Marie disparaissait déjà vers les filatures Vandesmet tandis que j'essayais de saisir, dans l'air tiède, les dernières traces de son passage.

Couture m'attendait sous le pont, adossé à la pile. Il s'était enfoncé une casquette sur le crâne et tenait un cabas roulé sous son bras.

— C'est bon, elle t'a outillé?

Je me tapotai le ventre, sur le côté droit. Couture me tendit le sac.

— Tiens, prends ça. On va en avoir besoin...

Il s'humecta les lèvres, du bout de la langue, puis se mit à les mordiller nerveusement. Il m'entraîna, un bras posé sur l'épaule.

— Ce n'était pas trop pénible dans la cave avec la môme Marie...

Je stoppai et me dégageai.

— Qu'est-ce que tu veux dire?

— Rien. Ne t'énerve pas... C'est une belle gamine, je te comprends... On va seulement être obligés de te trouver une nouvelle planque. Chez des vieux sans enfants, de préférence...

J'eus soudain envie de tout plaquer, de le laisser là avec son cabas, le flingue, le vélo pourri et de courir après Marie. Il dut s'en apercevoir. Sa main se posa sur ma nuque.

— Allez, ne fais pas le con! Je ne croyais pas que tu étais aussi susceptible... Plus vite ce sera fini et plus vite tu la reverras...

Cette fois encore je devais suivre sans poser de question. Couture marchait devant, les poings serrés fichés dans les poches de son pantalon, les pans de sa veste relevés sur les poignets. Je le suivais à cinq mètres, balançant le cabas au bout de mon bras. Nous avions attaché l'une à l'autre les roues avant de nos vélos, un nœud de marin qui se défaisait instantanément lorsqu'on tirait sur les deux extrémités de la corde. Couture m'en fit la démonstration. Ils étaient appuyés à un arbre, au coin de la rue des Moulins. Notre objectif se trouvait à une centaine de mètres de là, rue des Chats. Couture s'arrêta devant une porte métallique qui renvoyait, par ondes, la chaleur du soleil avec, en prime, une odeur lourde de peinture. Il tourna la poignée, poussa la porte et nous nous glissâmes dans une petite cour rectangulaire au sol cimenté, encombrée de vieux bidons, de pièces de machines et de rames de papier protégées par des morceaux de toile goudronnée. A droite et à gauche, du matériel hétéroclite emplissait deux appentis. Un atelier aux verrières peintes en bleu pour cacher la lumière du travail de nuit barrait le fond de la cour. Couture me poussa sous l'un des appentis.

— Sors ton flingue... Tu ne tires qu'en cas de pépin... N'hésite pas à les menacer, il faut qu'ils comprennent tout de suite que c'est du sérieux...

Je pris le mauser, à ma ceinture, et dépliai le foulard dans lequel elle l'avait enveloppé. Un minuscule bout de papier était glissé dans le canon. Je le déroulai. *Je t'aime. Marie.* Cela me redonna le courage qui commençait à me manquer. Couture abaissa la visière de sa casquette sur ses yeux et sortit de sa poche un revolver très compact.

– On y va!

Il contourna une cabine en bois à la peinture écaillée, w.-c., vérifiant qu'il n'y avait personne à l'intérieur et fit voler la porte de l'atelier d'un coup de pied. Il y faisait sombre, des ampoules de faible puissance éclairaient les plateaux de sortie des machines. Des bâches poussiéreuses pendaient du plafond crevé, et des débris de tuiles, de bois, de plâtre, étaient rassemblés au milieu de la pièce. Deux vélos fixés sur des armatures métalliques étaient couplés aux machines, pour fournir de l'électricité en cas de coupure. Une femme d'une cinquantaine d'années, les cheveux pris dans un fichu noir, vêtue d'une blouse grise, nous tournait le dos. Le bruit de la machine typo, le claquement du carton sur la forme, avaient couvert le cri de Couture.

– Au nom de la Résistance, les bras en l'air!

Il vit le compteur, à sa gauche, abaissa la manette. Les moteurs épuisèrent leur élan et le silence s'installa. La femme fit volte-face.

– Qui est-ce...

Son regard et ses mots se figèrent sur l'arme de Couture. Ses yeux s'en détachèrent pour s'arrêter sur moi.

– Qu'est-ce que vous voulez... On n'a rien ici, pas d'argent...

Un jeune type se décida à sortir de derrière le massicot, les bras levés. Couture restait dans l'ombre. Sa voix siffla drôlement entre ses dents serrées.

— Vous imprimez des tickets. On en a besoin. Ne faites pas d'histoires et mettez-les dans le cabas...

Je traversai l'atelier avec le sac, prenant soin de brandir le mauser devant moi. Le jeune gars dut s'apercevoir que nous étions à peu près du même âge. Il s'enhardit.

— Vous êtes de la Résistance?

— Qui veux-tu que ce soit?

La femme vida la réception de sa machine en ordonnant le tas de feuilles cartonnées, les aérant, les tassant sur la tranche.

— On vous a mal renseignés... Vous auriez dû venir la semaine dernière...

Couture s'approcha.

— Qu'est-ce que tu racontes?

Elle prit une feuille qu'elle brandit devant lui.

— Regarde! Ce ne sont que des tickets pour des chaussures *Usage ville* pour les garçonnets, de 28 à 34 et pour des chaussures *Fantaisie* pour femmes, pointures 34 à 43! Je me demande si ça vous fera grand usage au maquis... Il y a encore trois jours, on imprimait les coupons d'alimentation... On les passe au massicot ou je vous les laisse en planches de quatre?

— Mets-les dans le cabas du môme, on s'en arrangera. Où est le patron?

Elle le toisa d'un air de défi.

— Quel patron?

Couture haussa les épaules.

— Fernagut, celui qui a son nom en gros au-dessus de la porte d'entrée et en tout petit dans la marge, au bas de vos affiches.

L'apprenti désigna l'escalier à demi dissimulé par une bâche.

— Il est là-haut, dans son bureau... Vous voulez que j'aille le chercher ?

Couture le rabroua.

— On ne t'a rien demandé toi. Reste où tu es.

Puis il me lança :

— Surveille-les, Jeannot. J'en ai pour une minute.

Il escalada les marches, faisant crisser les gravats sous ses semelles. On l'entendit traverser le couloir, au-dessus, dans le silence de l'atelier. Tout d'un coup des bruits de verre brisé, un cri *Raymond!*, suivi de deux coups de feu assourdissants. La femme se mit à hurler. Elle se précipita vers l'escalier. Je tentai de lui barrer le passage mais, embarrassé par mon arme et le cabas, je n'offrais que peu de résistance. Elle me bouscula tandis qu'au-dessus de nos têtes on renversait les meubles, on jetait des dossiers à terre. L'apprenti ne bougeait pas. Il était comme pétrifié, les mains crispées sur les coupons de rationnement, la bouche ouverte, les yeux dilatés par la peur. Je me décidai enfin à lâcher le sac et me lançai à la poursuite de l'ouvrière. Couture sortit au même moment du bureau, tête nue. Il titubait, la figure en sang. Il braqua son colt court sur la femme en pleurs.

— Ôte-toi de mon chemin sinon tu en prends autant que lui...

Des billets dépassaient de ses poches de veste gonflées. Elle continua sa course et poussa la porte vitrée, s'arrêta net.

— Assassins ! Vous l'avez tué... Assassins !

Couture ramassa sa casquette et la frappa contre la rampe pour en enlever la poussière.

— Tu as fini avec les coupons?

Je désignai le sac rebondi, de la pointe du mauser.

— Tout est là... Qu'est-ce qu'il s'est passé là-haut?
— Ce salaud était armé. Il a failli m'avoir... Dépêche-toi, on file... Ça ne va pas tarder à devenir malsain dans le quartier...

Il arracha le fil du téléphone et me couvrit tandis que je traversais la cour. Le bruit des détonations ne semblait pas avoir alerté les voisins, habitués au vacarme des machines. Une fois dans la rue, Couture attacha la poignée extérieure de la porte au montant, à l'aide d'un morceau de fil de fer.

— Ça peut nous faire gagner la minute décisive...

La rue des Chats était vide. Je me surpris à courir, instinctivement. Couture me retint par l'arrière de ma veste. L'insulte fusa.

— Tu es con ou quoi! Serre la main sur la crosse de ton flingue et respire profondément. Si tu te mets à courir, tu signes ton arrêt de mort.

Je revins à sa hauteur. Les ongles de Fernagut lui avaient labouré les joues, le cou, et le sang noircissait déjà sur son col de chemise.

— Pourquoi es-tu monté... On aurait pris les tickets comme prévu et il serait toujours en vie...
— On aurait eu l'air malin en ramenant un lot de coupons de chaussures pour enfants et escarpins pour dames! Camblain ne posera pas de questions quand j'alignerai les billets...

Je tournai le premier dans la rue des Moulins et m'immobilisai aussitôt. Un milicien, béret et uniforme noirs, était accroupi près des vélos que nous avions empruntés en début d'après-midi à Cauchel.

Je me plaquai contre le mur d'angle et armai mon pistolet.

— Tu veux que je m'en occupe?

Couture s'était baissé, derrière moi, après avoir jeté un regard par-dessus mon épaule.

— C'est truffé d'Allemands dans le secteur... On est à deux cents mètres du quartier Foch... Ce n'est tout de même pas possible qu'ils soient déjà au courant pour les bécanes... Tu vois ce qu'il fait?

Je risquai un œil. Le milicien venait de se relever en glissant un objet dans l'une des poches intérieures de son uniforme. L'étui à rustines qui pendait une minute plus tôt sous la selle de vélo de Couture avait disparu. L'homme s'éloigna vers les minoteries, l'air faussement détendu. Couture s'impatientait.

— Alors, on peut y aller oui ou non?

— Oui, c'est libre mais tu viens de te faire piller par un mec à Darnand... Voler les rustines d'un vélo réquisitionné, il faut être tombé bien bas pour en arriver là!

Couture libéra les vélos en tirant simultanément sur les deux bouts de la cordelette. Je pinçai les jambes de mon pantalon à l'aide de deux élastiques et enfourchai mon vieux clou.

— Qu'est-ce que je fais, je retourne chez les Tourbier?

Il me soulagea de mon sac et le dissimula dans la sacoche arrière de sa bicyclette.

— La mère n'est pas heureuse, mais ce n'est rien à côté du père de Marie... Il a envie de te tuer après ce que tu as fait à sa fille. Si tu rentres chez eux, je ne donne pas cher de ta peau. Je dois filer avec les cou-

pons dans une planque du quartier... Retourne à Cauchel. Tu connais Lenglart?
— Le facteur?
— Oui, le facteur. Présente-toi à lui de la part de Camblain...
— Qui est-ce exactement?
— Notre chef de groupe...
Couture releva la pédale droite avec la pointe de sa chaussure.
— Tu ne vas pas tarder à le rencontrer... Camblain n'oublie pas...
Il s'éloigna en zigzaguant vers la place Perpignan avant de trouver son équilibre en prenant de la vitesse. Je me risquai sur la nationale 43 encombrée de convois allemands remontant vers la côte. Aux carrefours des soldats excités réglaient la circulation, immobilisant les voitures particulières, les charrettes et donnant la priorité, sur deux files, aux véhicules militaires. Pas un ne songeait à contrôler les papiers des Français bloqués dans la cohue, sur le bas-côté. A la patte-d'oie d'Isbergues, l'embouteillage atteignait son maximum. Une heure plus tôt, un avion anglais avait largué un chapelet de bombes sur un camion-plateau transportant des blindés. Des fragments de carcasses métalliques jonchaient la route, les champs. Une tourelle éventrée dépassait d'un cratère fumant. Une odeur de caoutchouc brûlé flottait sur tout le paysage. Je dépassai le panneau de Cauchel un peu avant huit heures. Langlart habitait près de la place du marché, dans une de ces petites rues qui donnent avenue de l'Ingénieur-Martin.

J'abandonnai le vélo à hauteur d'Usiméca, enlevai

mes élastiques et rejoignis le centre de Cauchel par les jardinets. La maison du facteur faisait l'angle, une construction en brique peinte, pointue de partout. Une date, *1902*, était inscrite dans le ciment de l'allée, derrière la grille. Je la poussai, m'avançai et cognai à la porte. Un rideau se souleva discrètement, celui de la fenêtre de droite puis le pas traînant du facteur se rapprocha.

— Qui est-ce?

Je collai mon visage au bois, les lèvres dirigées vers l'encoignure.

— C'est Camblain qui m'envoie...

La serrure claqua immédiatement. Lenglart me tira à l'intérieur et referma la porte d'un coup de pied. Il avait revêtu une robe de chambre dont la manche gauche était nouée. Les heures que nous passions, gamins, à épier le facteur manchot me revinrent en mémoire. Je ne sais quel plaisir nous trouvions à le voir trier ses lettres en s'aidant des lèvres... Il me regarda avec insistance.

— Tu es un môme du Point-du-Jour toi... Non?

— Oui, je suis d'en face la torchère... Moi aussi je me rappelle de vous...

— Ne reste pas planté là... Viens... Tu as faim?

Lenglart n'attendit pas ma réponse et poussa le fait-tout au centre de la cuisinière, sur le feu qu'il venait de découvrir en enlevant une plaque à l'aide du tisonnier.

— Tu aimes les carottes au moins?

Il se mit à touiller sa cuisine.

— Qu'est-ce que tu attends pour t'asseoir? On ne mange pas debout ici...

— Vous ne m'installez pas à la cave?

Langlart se retourna, sa cuillère en bois dressée vers le plafond.

– La cave ! Quelle cave ? Si c'est là que tu te sens le mieux, faudra d'abord m'en creuser une ! La baraque est tout juste montée sur un vide sanitaire : il fallait choisir entre le toit et les fondations... J'ai choisi de monter le toit en me disant que j'aurais bien le temps, jusqu'à la fin des siècles, d'habiter dans une cave...

Chapitre 4

Il se lève pour se dégourdir les jambes et s'approche de la fenêtre qui s'ouvre sur le jardin. Dehors, il commence à pleuvoir. Je coupe le magnéto et note sur mon calepin le chiffre repère inscrit au compteur en regard des quelques phrases résumant ce que vient de me confier Jean Ricouart.

– Vous habitez depuis longtemps dans cette maison?

Il laisse retomber le rideau ajouré qui se colle à la buée, sur le carreau.

– Non, pas trop... Ça va faire cinq ans à l'automne. Je suis resté au Point-du-Jour jusqu'au bout, je les ai vus démonter les gazomètres et découper l'usine à gaz au chalumeau. D'un seul coup, ils nous ont ouvert l'horizon... On ne voyait plus la forêt de tuyaux en ouvrant les volets, mais un terrain vague et le cul de la cité des Fleurs! En fait, je ne me faisais plus d'illusions depuis qu'ils avaient éteint la torchère... La cité a été rasée dans la foulée pour laisser le passage à une bretelle de la nationale... La mairie nous a relogés ici, dans la cité des Cosmonautes...

Il marque un temps d'arrêt.

— Celui qui a dégoté le nom a vraiment mis dans le mille...

— Pourquoi ? Ce n'est pas génial mais ça vaut bien « cité des Fleurs ».

— Oh! le nom je m'en fiche! Le problème c'est que la cité est aussi gaie et aussi vivante que là-haut... Vous vous imaginez peut-être qu'on rit tous les jours en orbite!

Jean Ricouart s'étire et va s'installer dans le minuscule salon qui jouxte la salle à manger. Il s'assied sur un canapé recouvert d'une couverture multicolore composée de rectangles de laine assemblés. J'essaie de me le représenter, près d'un demi-siècle plus tôt, à peine sorti de l'adolescence, faisant le coup de feu dans une région quadrillée par une armée aux abois. Il parle, les yeux dans le vague.

— Et encore, s'il n'y avait que la cité des Cosmonautes! Tous les quartiers sont logés à la même enseigne maintenant. Dès qu'ils trouvent un mur de libre, ils font des fresques pour donner un peu de gaieté, mais il n'y a plus un chat dans les rues pour les regarder. Avant, tout était gris, tout était noir, les maisons, les trottoirs, les boutiques, jusqu'au ciel saturé de fumées et de poussier... On n'avait pas besoin de couleurs pour être ensemble... Les rues, les usines, ce n'était pas du décor... C'était notre vie.

J'ai du mal à réprimer un bâillement : la bière m'a fatigué.

— Il fait chaud... J'aimerais bien marcher un peu dehors...

Jean Ricouart esquisse une grimace en direction de la fenêtre.

— Le vent se lève. Ça va tomber pour de bon d'ici peu... Je vais ouvrir, pour donner de l'air.

Nous nous réinstallons à table, chacun de notre côté.

— Ce Couture, vous l'avez revu par la suite?

— Je l'ai aperçu lors d'un regroupement, quelques jours après notre équipée de Saint-Omer, sans avoir l'occasion de lui adresser la parole... En ce temps-là on se croisait, on avait tout juste la possibilité d'échanger nos pseudonymes avant de jouer notre vie avec des inconnus! J'ai su par Camblain que c'était Couture qui lui avait suggéré le coup de l'imprimerie Fernagut. Je crois bien qu'il s'était fait taper sur les doigts pour avoir risqué la vie de deux de ses hommes pour des coupons de chaussures inutilisables...

— Et après la guerre?

Jean Ricouart s'accoude et me fixe en plissant les yeux.

— C'est drôle que vous me posiez cette question... Quand j'ai eu mes ennuis, en 1948, j'ai essayé de le retrouver. Impossible de lui mettre la main dessus... J'ai pensé qu'il était mort.

— Vous en avez eu confirmation?

Il rentre la tête dans les épaules.

— Non, je n'ai pas insisté. J'avais autre chose à faire... D'ailleurs j'ai l'impression que tout était joué d'avance. Quand un noyé se débat, il pense rattraper la vie alors qu'il ne fait que hâter la mort.

— Vous pouvez me redonner son véritable nom? Il est quelque part sur la bande magnétique mais je préfère le noter à part...

— Schots, Raymond Schots. Sa femme tenait une

boutique de mercerie à Heurindecques. Il devait être de là-bas lui aussi. Vous comptez y aller?

J'allume une cigarette. Il refuse celle que je lui propose.

— Non, mais si je passe par hasard dans le secteur, je m'arrêterai. En tout cas, s'il est mort je n'aurai aucune difficulté à retrouver sa trace : les services d'état civil ont fait des progrès depuis 1948! On peut repartir?

Jean Ricouart se lève pour fermer la fenêtre. En tirant sa chaise il donne un coup de menton en direction du magnétophone. Un sourire timide.

— Allez-y curé : je suis prêt pour la confession...

CAUCHEL 1ᵉʳ JUILLET 1944

Lenglart vivait seul depuis toujours. Son bras était resté à Craonne, au printemps 17, sous la carcasse d'un camion Renault conduit par un soldat devenu soudainement fou. Il dormait dans un fossé, avec sa compagnie, avant de remonter au front et ils avaient pris le camion sur la gueule. C'est ce qu'il racontait quand on lui demandait, pour son bras :

— Un accident de la circulation, à Craonne, en 17...

Il m'installa un matelas dans la cuisine, près de la table et accrocha une couverture au plafond à l'aide de deux clous.

— Je pars tôt le matin... Tu pourras dormir, la lumière ne te gênera pas.

J'avalai la soupe claire, saindoux carottes, et m'allongeai. J'avais tellement mal aux mollets et aux cuisses que j'avais l'impression de m'être couché avec le vélo entre les jambes. Je passai la nuit à pédaler, maudissant les scrupules qui m'avaient interdit d'emprunter la bécane de rêve, le Peugeot à dérailleur du soûlot des *Trois-Marches!* C'est à peine si dans les rares descentes je pensais à Marie. Je me réveillai au petit matin et soulevai la couverture. Lenglart se lavait, debout devant la pierre à évier. Il était torse nu. La cicatrice qui fermait son épaule plissait à chacun de ses mouvements. Il vida sa cuvette, s'habilla en s'aidant de ses mâchoires puis repoussa la vaisselle de la veille qui embarrassait la table. Il mit de l'eau à bouillir sur la cuisinière et disparut de mon champ visuel. Je l'entendis s'affairer dans sa chambre. Il revint, un journal à la main. Il le déplia, le lissa sur le plateau, entre les assiettes sales, les verres. Il fit glisser la lanière de la besace de facteur passée sur son épaule et, par une série de secousses brèves, en vida le contenu sur le papier imprimé. Une centaine de lettres s'éparpillèrent. Il se mit en devoir de les classer une à une, observant les oblitérations d'origine, les adresses des destinataires, celles des expéditeurs. Cinq minutes plus tard, il réenfournait la majorité des plis dans sa sacoche de cuir, n'en conservant qu'une petite dizaine devant lui. Il en préleva une, s'approcha de la cuisinière et agita lentement l'enveloppe retournée au-dessus de la casserole, dans le nuage de vapeur. Le papier, puis la mauvaise colle absorbèrent l'humidité. La pointe, au verso, se souleva, commença à s'enrouler sur elle-même. Lenglart se retourna vivement vers la table et acheva de décoller la languette à l'aide d'un coupe-papier qu'il trempait régulièrement dans l'eau bouillante. Quand ce fut terminé, il tira la correspondance, en prit connaissance et la posa sur l'enveloppe vide, au bord de la table. Il procéda de même pour le reste de la pile. Peu après il réintroduisit soigneusement huit lettres sur les dix dans leurs enveloppes et les recolla au pinceau, prenant soin de ne pas faire baver la colle liquide.

La curiosité fut la plus forte. Je me levai en silence, passai mon pantalon et repoussai la couverture en bâillant de manière démonstrative. Lenglart rabattit le journal sur la sacoche et les lettres qui séchaient. Mon regard se bloqua sur sa main.

– Qu'est-ce que vous faites avec ces lettres?

Il prit un air très dur, qui me surprit.

– Tu m'espionnes?

Je me sentis rougir, de la tête aux pieds. Je bafouillai.

– Non... Non... Je vous jure... Je me suis réveillé et je vous ai vu, au-dessus de la casserole... avec les lettres...

Il redéplia le journal et vida l'eau chaude dans la cuvette.

– Eh oui! On vit cul par-dessus tête! Les mômes font le coup de feu au lieu d'aller danser et les facteurs manchots ouvrent le courrier avant d'aller le distribuer...

– Pourquoi vous faites ça?

– Je m'en passerais tu sais... Tu ne peux pas imaginer ce qu'il existe comme dégueulasses! Ça ne me serait jamais venu à l'idée avant la guerre... Je glissais les lettres dans les boîtes en me disant : « Tiens, la fille Kyndt reçoit encore une lettre de son fiancé », je ressentais un petit pincement au cœur quand c'était un faire-part de la maison Borniol... Je serais tombé à la renverse si on m'avait appris qu'un salopard s'était servi de moi pour envoyer une lettre anonyme ou un truc de ce genre... J'étais plein d'illusions... J'avais tort : viens voir la récolte de ce matin...

Je contournai la table. Lenglart s'empara de l'une des deux lettres restées ouvertes et me la tendit.

— Tiens, lis. Elle a été postée hier matin à Guitignies et adressée à la gendarmerie. Pas celle des Allemands, celle des Pétains.

Une écriture volontairement malhabile courait sur le papier d'écolier, tracée au crayon humide.

Qu'attendez-vous pour fermer le bien nommé restaurant Au coup d' rouge *qui se faisait remarquer les premiers mai d'avant 40 par ses flonflons et ses décorations moscoutaires. Cette gargote est le lieu de rendez-vous de terroristes qui déchirent la nuit les affiches du tribunal militaire allemand et badigeonnent les murs d'inscriptions hostiles au Maréchal. Je sais, de source sûre, que le 7 février 1943 ils ont fêté la fin de la bataille de Stalingrad en chantant* La Marche lorraine. *Combien de temps encore les honnêtes commerçants de Guitignies devront-ils supporter ce scandale ?*

Lenglart s'était levé.
— Tu veux un bol de chicorée ? J'ai juste à faire chauffer.
— Non merci... Ça me coupe l'appétit... Bien sûr, ces ordures ne signent jamais...

Le facteur se pencha au-dessus de moi.

— De moins en moins souvent : ils sentent bien que les carottes sont cuites et qu'on ne tardera pas à demander des comptes aux imprudents... L'année dernière, je tombais au moins une fois la semaine sur une saloperie de ce genre accompagnée du nom et de l'adresse... Rien qu'à Cauchel... J'ai eu de ces surprises! Toutes les vieilles haines, les rivalités, les histoires de cocufiage... Tout y passe... On a coupé le sifflet à quelques-uns, pour l'exemple...

— Je peux lire l'autre lettre?

— Prends-la. Celui qui l'a postée n'a pas eu besoin de mettre son nom : je connais son écriture. Il est d'ici. Tu as dû le croiser toi aussi...

Je dépliai la feuille de papier. La calligraphie était nerveuse, une belle écriture penchée, sûre d'elle-même.

Messieurs. Le cinéma Le Kursaal rue Gambetta affiche actuellement un film dont le titre Feux de joie *a pu échapper à votre vigilance. Il s'agit en fait d'un film dans lequel se pavane le juif Ray Ventura, celui-là même qui insulte l'œuvre de redressement de notre pays depuis la Suisse des coffres-forts où il s'est réfugié.*

Je regardai Lenglart.

— Qui est-ce?

— Le vieux Platiau, le patron des Variétés... L'ouverture du Kursaal, en 1935, lui est restée en travers de la gorge. Il a retrouvé de la clientèle en se transformant en Soldatenkino mais il ne s'estimera tranquille qu'avec la faillite de son concurrent. Si la

Feldgendarmerie le débarrasse d'un rival, pour lui la défaite de l'armée française n'aura pas été tout à fait inutile! Il se contrefout des juifs et de Ray Ventura... Il profite de l'occasion...

Je me levai pour cracher dans l'évier.

— J'espère qu'on va le buter!

— Dans ce cas, la France deviendrait un désert! Je me contente de transmettre le produit de la pêche. Ils font ce qui est possible et qu'ils jugent utile à notre cause...

Il était près de sept heures. Lenglart enfila sa veste, enfonça sa casquette sur son crâne et décrocha le vélo qui pendait à un crochet à droite de la porte.

— Je rentre à midi. Ne te montre surtout pas dans le jardin. Il y a des voisins... Si tu as envie, le seau est sous l'évier...

Les murs étaient nus, à l'exception d'un calendrier des postes punaisé près des étagères et d'une citation militaire protégée par un verre poussiéreux. Une table, trois tabourets, un buffet, constituaient l'essentiel de l'ameublement. Je poussai la porte de la chambre. Un matelas posé sur un sommier métallique dépourvu de pieds occupait le centre de la pièce. Des vêtements sales trempaient dans une lessiveuse.

J'essayai d'avaler mon bol de chicorée tiède et me recouchai tout habillé, derrière la couverture. Tout mon corps réclamait Marie. Je me mis à étouffer mes cris, la tête enfouie dans l'oreiller pour surmonter l'envie d'aller affronter le père Tourbier et le convaincre de m'accorder l'hospitalité de sa cave...

Un peu avant le retour de Lenglart une escadrille anglaise, je les reconnus au bruit de leurs moteurs, passa au-dessus de Cauchel. La « Flack » allemande se mit à aboyer. Le bourdonnement s'éloigna en direction de la côte. Le facteur entra et sortit un paquet taché de sang de sa sacoche. Il le brandit devant mes yeux.

– Devine !

Je haussai les épaules.

– Le fils Joëts a réussi à prendre un lapin dans ses collets... Je crois bien qu'il les pose dans le petit bois, derrière le puits n° 7. Il m'en a vendu une moitié : l'arrière, le meilleur ! Fourre du bois dans le feu, je vais lui roussir le râble !

Je mangeai de bon appétit, avec les doigts, récurant les os. Lenglart déboucha une bouteille de vin et m'en servit un verre malgré mes protestations. Je ne buvais pratiquement rien, juste un peu de bière, et la moindre goutte d'alcool me faisait tourner la tête. Il insistait. Je compris qu'il n'aimait pas boire seul, qu'il me suffisait de tremper les lèvres dans le vin, de temps en temps, pour donner le change. Je raclai le fond de la cocotte, ramassant dans la cuillère les débris de chair grillée, les oignons caramélisés. Lenglart m'observait en souriant. Dès que j'eus terminé, il ramassa les assiettes.

– On va venir te chercher tout à l'heure, en fin d'après-midi. On m'a dit qu'il y en aurait pour toute la nuit. Essaie de dormir une heure ou deux pour être en forme...

– Je n'ai fait que ça toute la matinée... Croyez-moi, je préfère encore traîner un vélo de trois tonnes avec la moitié de l'armée allemande aux fesses plutôt que rester enfermé entre quatre murs en tremblant dès qu'une ombre passe devant la fenêtre... Vous savez où je vais?

— Non. J'ignore la destination et l'identité des copains qui seront du voyage... Je suis facteur et on m'utilise comme « boîte aux lettres »... Tu as déjà entendu parler d'une « boîte aux lettres » qui pose des questions? Moi pas! Pourtant je suis dans le métier depuis un sacré bout de temps...

Il souleva la toile cirée puis fit glisser vers lui le tiroir de la table. Tout un bric-à-brac de pièces de réveil, de couteaux, de ficelles, de boutons, dans lequel il se mit à fouiller avec sa main. Des lettres aussi, des enveloppes bleues, à son adresse. Je ne sais pourquoi j'eus l'impression de reconnaître une écriture féminine. Je le regardai.

— Vous ne vous êtes jamais marié?

Il se rejeta sur le dossier de sa chaise.

— Comment j'aurais fait pour la prendre dans mes bras, gros malin?

Malgré son ton enjoué, je regrettai aussitôt ma question. Lenglart fit rouler trois dés sur la table.

— Tu sais jouer au quatre-vingt-et-un? Sinon je dois sûrement avoir un jeu de cartes dans tout ce foutoir... Bien que la belote à deux...

— Je préfère les dés...

En guise de fiches, il déposa devant lui une poignée de pièces de un franc frappées de la francisque.

— J'ai aussi une réserve de un pfennig, mais je préfère encore miser sur « Travail, Famille, Patrie », que sur « Ein Volks, ein Reich, ein Führer »!

— J'ai du mal à comprendre la différence entre la

balle d'un gendarme français et celle d'un feld-gendarme... Les cibles sont identiques...

— Si on veut, mais on n'est pas là pour parler politique. A toi la main...

Je ne gagnai qu'une dizaine de parties en deux heures de match acharné. Ma dette frôlait les soixante francs. Lenglart humecta la pointe de son crayon du bout de la langue et raya l'alignement de bâtonnets, sur son calepin.

— Je rajouterai ça à la note, avec la chambre et le repas!

Je m'étais assoupi quand on cogna à la porte. Les coups me parvinrent à travers le brouillard de mes rêves. On s'approchait de moi... Je me jetai sur ma veste. Ma main se referma sur le mauser. Lenglart tira la couverture et tomba le nez sur le pistolet. Il leva son bras.

— Fais pas de conneries, môme... C'est moi... Je t'amène ton relais.

J'aperçus derrière lui un type d'apparence joviale. Il s'avança.

— C'est toi, Jeannot?

Il avait des cheveux très noirs, très épais et portait la moustache. Il avait revêtu une tenue de travail, pantalon et veste blanche à fines rayures bleues, et semblait être venu au monde le sourire aux lèvres.

— Oui c'est moi... Qui vous envoie?

— Camblain. Nous devons nous diriger vers les faubourgs de Lyzel... Nous avons du chemin à faire... Mets ça.

Il jeta une blouse sur mon matelas. Je la passai et le suivis. Lenglart sortit dans la rue le premier. Quand la voie fut libre, il me fit signe de me dépêcher. Une fourgonnette Juva Quatre attendait devant le jardinet, le moteur en marche, la porte arrière entrouverte. J'eus tout juste le temps de lire : *Boulangerie-Pâtisserie Phalippou Aire-sur-la-Lys Spécialités*. Je grimpai dans le fourgon et m'installai entre les panières.

Le boulanger enclencha la première, mit le cap sur la place du Marché et contourna l'église Saint-Éloi. Je n'osais pas lever la tête vers le carreau. Tassé au plus près du plancher, je déduisais le parcours que nous empruntions aux étages supérieurs des bâtiments, aux enseignes. Je me redressai dès que j'identifiai les platanes en arceaux de la route de Guitignies. Le boulanger sifflotait l'air de *La Belle Équipe*... « Quand on s'promène au bord de l'eau... »

Je m'assis sur le passage de roue, m'adossai à la tôle latérale.

– C'est vous le patron de chez Phalippou?

Il posa la main droite sur le levier de changement de vitesses et tourna légèrement la tête vers moi.

– D'abord je ne suis pas « patron », mais artisan, c'est-à-dire ouvrier indépendant... Comme ça on est à égalité, et on peut se tutoyer. D'accord?

– D'accord. Tu ne prends pas le plus court chemin, on aurait plus vite fait par Lorgnies...

– Oui, sauf qu'à Lorgnies j'aurais l'air fin avec mon bon de farine! Je cuis le pain de la garnison d'Aire-sur-la-Lys, ce qui me permet d'être approvisionné normalement et de disposer d'un Ausweis et d'essence. Accessoirement de prendre des passagers. Décontracte-toi, on a tout notre temps. Camblain ne sera pas à Lyzel avant sept heures. Autant éviter les risques inutiles.

Je m'accoudai au siège passager.

— Camblain! Tu as bien dit Camblain? En personne...

Le ton plein d'admiration que j'avais employé l'amusa.

— Tu verras bien... Quand il a un empêchement il se fait remplacer par Errol Flynn; il paraît qu'ils sont potes...

Je jouai mon rôle d'apprenti, l'aidant à charger deux sacs de farine dans la cour d'une petite minoterie édifiée sur un bras de la Nave. Phalippou se déplaçait en toute confiance. Je fixai les meuniers.

— Ils vont se demander qui je suis...

— Ce sont des patriotes, même s'ils ne le disent pas tout haut. Ici, on n'est pas dans le *bas pays*, on pense au-dessus de ses intérêts.

En repartant, je m'installai plus confortablement entre les sacs. Phalippou me déposa derrière la gare des marchandises alors que le Mathurin de la porte du Haut-Pont sonnait sept heures.

— Il t'attend rue de la Poissonnerie, dans la troisième maison après l'école des filles. Si le chemin est libre, tu verras une croix tracée par terre, à la craie... Si elle est entourée d'un cercle, passe ton chemin sans t'arrêter et arrange-toi pour retourner chez le facteur, à Cauchel... Compris?

Il quitta son siège et vint ouvrir la porte arrière de la fourgonnette. Il brisa un morceau de pain qu'il me donna.

— Bonne chance, gamin. On se reverra peut-être quand tout sera fini...

Je traversai la place du Chrest. Des péniches et des bateaux à fond plat étaient accostés au quai, des chargements de bois, de minerai, de céréales gardés par la gendarmerie et les patrouilles. Des maraîchers vérifiaient l'équilibre des cageots sur leurs charrettes. J'obliquai sur la droite, serrant mon arme au fond de ma poche. Le calme succédait à l'activité du port. Je remontai la rue de la Poissonnerie. La croix se trouvait devant une lourde porte cochère en bois. Je la poussai. Elle s'ouvrait sur la cour d'une maison d'ouvriers agricoles et je pouvais apercevoir la grange et l'écurie dans le prolongement du jardin. Des outils, des châssis étaient entassés devant une remise légèrement affaissée. J'eus la sensation que l'on m'observait mais je ne parvins à déceler aucune présence. Je marchai jusqu'à l'écurie. Elle longeait l'arrière de la rue de la Chapelle. Une voie d'eau étroite délimitait la parcelle et menait à un watergang plus important, vraisemblablement le Hongarwaert par lequel, après des heures de barque, on accédait au Leck.

Je revins vers la maison après avoir jeté un coup d'œil dans la grange. Quand je me retournai, un homme de grande taille vêtu à la manière des maraîchers, campé sur des bottes qui lui montaient jusqu'aux genoux, se tenait sous le porche, jambes écartées.

Il me fit signe d'approcher. Par sa veste entrouverte j'observai qu'il avait enroulé une large bande de tissu autour de sa taille. Les rides, sur son visage, le disputaient à la petite vérole. Je lui donnai une bonne cinquantaine d'années.

— C'est donc toi, Jean Ricouart...

Je m'immobilisai sans prononcer le moindre mot.

— Tu peux parler sans crainte, c'est moi qui t'ai fait venir. Je suis le capitaine Camblain.

La déception dut être visible sur mes traits. Son sourire effaça les marques du temps et de la maladie.

– Tu as l'air déçu! Tu t'attendais à quoi?

Le rouge me monta aux joues. Je cherchai mes mots.

– Non... Non... Je n'ai rien dit, capitaine...

Il tira la porte de la cuisine et me poussa à l'intérieur.

– Oh! dans certaines occasions, les mots sont inutiles!

Une longue table, massive, des chaises visiblement fabriquées sur place occupaient le centre de la pièce dont l'unique fenêtre s'ouvrait sur le porche. On avait dressé la table pour deux personnes. Une grosse soupière ventrue, en émail bleu, séparait les couverts.

– Installe-toi. On ne part pas avant la nuit. En attendant on va se caler le ventre, on a du travail sur les canaux!

Il souleva le couvercle et plongea la louche dans le potage, à plusieurs reprises, pour faire remonter le fond. Il remplit à ras bord mon assiette d'une épaisse soupe aux pois cassés parfumée au lard. Il mangeait à la paysanne, courbé sur la table, la main entière serrée autour du manche de la cuillère, levant de temps en temps les yeux sur moi pour montrer qu'il appréciait. Quand il eut fini son assiettée, Camblain vida son verre de vin et planta ses coudes sur la table.

– Vous avez eu de la chance, toi et Couture, de vous en sortir chez Fernagut...

Je reposai ma cuillère pleine dans la soupe.

— A cause du milicien? On a bien fait de ne pas y aller : il voulait juste nous piquer nos rustines...

— Non, je ne te parle pas de ça. L'imprimeur était armé... Vous auriez pu y laisser votre peau... Il t'a tiré dessus?

— Non, j'étais en bas, je m'occupais des coupons, comme prévu. Je tenais la femme et l'apprenti en respect. Couture est monté ramasser l'argent dans le bureau du vieux. Ça s'est mis à tirailler... Deux coups de feu, puis Couture est redescendu, la gueule toute griffée... On aurait dit qu'il venait de se battre avec un chat enragé!

— Il ne t'a pas demandé de l'accompagner là-haut?

Je fronçai les sourcils, mal à mon aise, me demandant ce qu'il cherchait à me faire dire.

— Je ne pouvais pas bouger à cause des deux autres, capitaine. Couture n'est pas content de moi? Il vous a fait un mauvais rapport sur mon compte?

Il croisa les bras et releva la tête.

— Non, il t'a apprécié... J'essaie simplement de comprendre. J'envoie deux de mes hommes réquisitionner des bons d'alimentation chez un imprimeur apparemment tranquille et ils reviennent avec des coupons de chaussures, vingt mille francs en liquide et laissent en prime un cadavre sur leur passage... J'ai l'impression que quelque chose m'échappe et je n'arrive pas à savoir quoi...

La soupe commençait à refroidir, à figer dans mon assiette, et les traits que j'y traçais avec la pointe de ma cuillère disparaissaient de plus en plus lentement.

— Je ne peux rien vous dire, capitaine. J'ai participé à deux opérations... Chaque fois on me dit ce que j'ai à faire au dernier moment... Je fais confiance, j'obéis sans poser de questions... Comment voulez-vous que je sache si c'est normal ou non?

Camblain se leva en fouillant dans ses poches. Il coinça une courte pipe entre ses dents après l'avoir bourrée et l'alluma.

– Tu as raison, Jeannot... Le problème c'est que nous en sommes tous là. Chacun à son niveau.

Les habitants de la ferme arrivèrent sur le coup de dix heures du soir, fourbus, trempés. Un couple de jeunes paysans. L'homme salua Camblain et se versa un verre de vin tandis que sa femme desservait la table. Il s'assit lourdement sur une chaise.

– Quelle fatigue! On travaille double en ce moment à cause du coup de chaleur... On a le double de choux-fleurs qui montent... On coupe le matin, on effeuille, on met en plateau et il faut recommencer à zéro le soir...

Camblain frotta son pouce contre le majeur, les fit claquer.

– Tu y trouves ton compte, non?

– Tu parles pour le patron... On doit tout faire, désherber à la poussette à bras, arroser à la pompe, et comme ça jusqu'à la fin de la saison, en octobre... Après il nous fera chômer deux, trois semaines, le temps de nous reprendre le supplément...

La femme se tourna vers nous en riant.

– Il est tellement dégoûté qu'il serait prêt à se laisser mourir de faim à côté d'une montagne de choux-fleurs!

– Tu as raison : je ne peux plus rien toucher de ce qui vient du marais...

Camblain lui coupa la parole.
— Même pas l'anguille ou le brochet?
— Ne mélange pas tout! Je te parle du travail, pas du dimanche...

La nuit s'installait doucement en faisant monter du marais les odeurs de fraîchin. Camblain ne cessait de traverser la pièce de long en large. Il s'arrêtait un instant devant la fenêtre, courbait la tête pour observer le ciel sans nuages... Je somnolais, appuyé à un coin de table. Sa voix me fit sursauter.

— Debout, Jeannot, il fait nuit noire, on peut y aller...

La fermière me tendit une bouteille de bière.
— Prends ça. Elle ne sera pas de trop d'ici une heure.

Je la remerciai et hâtai le pas pour rattraper Camblain qui marchait de front avec le fermier vers le bout du jardin. Un minuscule canal séparait les parcelles. Le paysan se baissa pour détacher la corde qui retenait une petite escute à trois wrangs dont le fond était jonché de feuilles de choux-fleurs. Il apostropha Camblain.

— Tu navigues à la rame ou à la perche?
— Je préfère la perche... Avec la ruie je n'arrête pas de me cogner à la berge! Il y a assez d'eau tout le long, pour passer?
— A mon avis, oui. Si vous tombez sur un gué il suffit de descendre et de pousser la barque sur dix mètres, rarement davantage... Vous comptez la rapporter ici?
— Non. Si tout se déroule comme prévu, je pense la laisser en bas du marais de Gilliers, au-dessus de la vanne de l'île Flottante. Ça ne te gêne pas de venir la récupérer dans le début de matinée?

— Non. Bonne chance tous deux.

Je montai dans l'embarcation et m'installai sur le dromelot avant. Camblain saisit la longue perche de frêne et la planta dans la vase, derrière la pointe du bateau. Il appuya en fléchissant les genoux et nous commençâmes à glisser en silence. Il manœuvrait avec aisance et se faufilait dans le labyrinthe des canaux et des rivières, poussant la perche pour donner de la vitesse, la laissant traîner dans l'eau, à l'arrière, pour maintenir le cap ou la faisant dériver à droite ou à gauche pour modifier la direction.

Nous remontions le Bogartwaert. Les dernières lumières du Point-Rouge s'étaient évanouies. Les masses sombres de quelques fermes isolées surgissaient au dernier moment, devant nous et nous les longions sans bruit, n'éveillant même pas la curiosité des chiens. Camblain me proposa de le relayer après que nous eûmes franchi le carrefour des Quatre-Rivières et pris le Grand-Zelkewaert. Je chuchotai.

— Je ne sais pas m'en servir... C'est la première fois que je monte en bateau.

Il s'arrêta pour reprendre des forces. Je pris la bouteille cachée à l'abri du pic avant, la lui tendis. Il en vida près de la moitié. Je ne connaissais pas la région des marais et à peine mieux la campagne qui faisait tampon entre le bassin minier et le marais. De tout temps, mes parents m'en avaient parlé comme d'un pays étranger, un pays d'argent, de commerce, de terre. Nos pas nous portaient plus volontiers vers Douai, Lille ou Arras. Jamais vers Saint-Omer.

Camblain se releva et redonna son élan initial à

l'escute. Il quitta le watergang du Petit-Leck sur la gauche pour reprendre de petits canaux envahis par les joncs et les roseaux. Notre présence affolait les nids de grèbes et de hérons. Il était près de deux heures du matin quand il accosta près d'une grosse ferme endormie sur son île. Une sorte de brume de chaleur flottait au-dessus des champs, des rectangles de brume plus exactement, coupés net par la multitude des canaux, une brume qui semblait redessiner le paysage sur lequel elle pesait.

Le capitaine Camblain noua la corde à une souche.

– Suis-moi, on passe par-derrière. Sors ton flingue, on ne va pas tarder à en avoir besoin...

Nous dépassâmes un saule. Le jardin n'était protégé que par une clôture basse. Je l'enjambai à la suite de Camblain. Le chien se mit à hurler et à sauter après le grillage de son enclos dès que nous posâmes le pied sur son territoire. Camblain piqua un cent mètres à découvert. Je l'imitai et me collai au mur de la grange au moment précis où une fenêtre s'allumait au premier, dans une chambre. On poussa les volets et la silhouette d'un homme se découpa dans la lumière.

– Ta gueule, Black!

Nous ne bougions plus. Mon cœur battait si fort que je posai ma main sur ma poitrine, comme pour le calmer. Un second homme s'approcha de la fenêtre, promenant son regard sur le jardin, la remise, le hangar.

– Il y a quelqu'un?

Nous les entendîmes se concerter puis ils quittèrent l'encadrement. Camblain m'alerta, du bout du canon de son arme.

— Vite... De chaque côté de la porte...

Il nous restait une quinzaine de mètres à parcourir. Je les couvris plié en deux, la tête rentrée dans les épaules, m'attendant à chaque enjambée à recevoir une giclée de plombs. Black aboyait de plus belle, provoquant d'autres chiens, en écho. Je me plaquai à gauche de la porte, le bras replié, l'arme pointée vers les carreaux de la marquise qui abritait l'entrée. Un vieux bonhomme habillé d'un caleçon long et d'une blouse passée sur les épaules ouvrit la porte et avança sur le seuil. Il nous dépassa sans nous voir. J'eus le réflexe de le braquer mais un regard de Camblain m'en dissuada. Le deuxième homme arrivait à son tour, précédé par le canon de son fusil. Le capitaine donna un violent coup de tête vers le vieux, à mon intention. Il bloqua l'entrée à l'instant où le jeune se montrait et lui enfonça son pistolet dans le ventre. Le fusil tomba. Le bruit obligea le vieux à se retourner. Mon mauser le cueillit sous le menton.

— Bouge pas, grand-père, ça part tout seul ces bêtes-là!

Camblain fléchit les genoux, le corps droit, et ramassa le fusil sans quitter son prisonnier des yeux, le maintenant en respect. Il le poussa dans la maison et inspecta la salle commune.

— Marchez doucement. Les mains sur la nuque.

Il les plaça près de la cheminée, devant un mur nu passé à la chaux.

— Il y a quelqu'un d'autre dans la ferme?

Le vieux se mit à geindre.

— Ma femme et ma belle-fille... Elles sont au premier... Ne leur faites pas de mal... Je vous en supplie...

Le capitaine m'ordonna d'y aller voir. Les deux femmes se tenaient dans les bras l'une de l'autre, leurs visages déformés par la terreur. Ma jeunesse rajouta à leur peur. Je me sentis soudain misérable avec mon flingue devant ces deux paysannes arrachées brutalement au sommeil et confrontées à un inconnu armé.
— Tenez-vous tranquilles et il ne vous sera fait aucun mal... Il y a un téléphone dans la maison?

La plus jeune agita nerveusement la tête.
— Non, il n'y en a pas. Il faut aller jusqu'à la ferme Debove, à trois kilomètres...

Je les enfermai à double tour dans la chambre avant de redescendre. Camblain avait allumé sa pipe. Le parfum de son tabac belge se mêlait à l'odeur de cendre froide.
— Alors, là-haut?
— Je les ai bouclées. Elles ne bougeront pas.

Il plongea la main dans l'une de ses poches intérieures, en tira une enveloppe qu'il posa sur la table.
— Lebreucq Raymond...

Le vieux pivota légèrement le buste et tenta de nous apercevoir par-dessous son bras.
— C'est moi...
— Est-ce que tu reconnais avoir transmis aux Allemands des renseignements sur le groupe de partisans de Cassel?

L'homme se retourna et se laissa tomber sur les genoux.
— Non... Ce n'est pas moi, je vous le jure... On veut se venger... Ce sont des mensonges...
— Relève-toi, on n'est pas à l'église! Viens ici.

Le vieux hésita puis s'approcha. Camblain le fit asseoir près de lui et glissa l'enveloppe entre eux deux.

— Écris ton nom et ton prénom. Ensuite, rédige une déclaration sur l'honneur que tu signeras...

— Qu'est-ce que je dois marquer ?

— Ce que tu viens de me dire : que tu n'y es pour rien...

Lebreucq noircit laborieusement le dos de l'enveloppe et la tendit à Camblain, méfiant et soulagé en même temps. Le capitaine l'ouvrit et compara la lettre qui s'y trouvait avec le texte de Lebreucq.

— C'est bien la même écriture et la même signature, à la seule différence que tu racontes la vérité dans le pire des deux papiers...

Il le saisit par le col, l'obligea à lire la lettre interceptée par Lenglart ou un autre facteur résistant. Le vieux chialait, reniflait, butait sur ses mots...

Ils se réunissent dans une grange sur la route de Wemaers, un kilomètre après la station-service.

Camblain le repoussa contre le mur. Il parlait posément tout en brandissant la dénonciation.

— Celle-là, on a réussi à la retirer du circuit... Mais les autres...

— Il n'y en a jamais eu d'autres... Je vous le jure sur la tête de mon fils... Pardonnez-moi...

Le capitaine se détourna de lui.

— Puisque tu parles de ton fils, on va s'occuper de lui maintenant. Pierre Lebreucq, regarde-moi.

Le jeune gars nous fixa tour à tour avec un air de défi.

— Pour toi, les choses sont plus simples puisque tu as accepté de devenir délégué cantonal de la Légion des volontaires français contre le bolchevisme. Tu ne dors pas avec ton uniforme de S.S.?

— Je ne discuterai pas avec vous. Je suis prêt à mourir en soldat mais épargnez mon père, c'est presque un vieillard...

Camblain le toisa.

— Il serait sur son lit de mort que ça n'y changerait rien. Est-ce qu'il s'interrogeait sur l'âge de ceux qu'il vendait à la Gestapo avant d'envoyer ses lettres? La Résistance vous a condamnés à mort pour collaboration avec l'ennemi et dénonciation. Tournez-vous contre le mur.

Il vérifia que son pistolet était bien armé, s'approcha du fils Lebreucq et lui logea une balle dans la nuque.

— Occupe-toi du père.

Je respirai profondément et me plaçai derrière le condamné. Il n'avait pratiquement plus de cheveux, je voyais ses oreilles trembler, le sang battait dans une grosse veine bleue, sur le côté. Il pleurnichait comme un gosse. Il eut un brusque sursaut quand je posai le canon sur sa nuque. J'appuyai sur la détente et un cliquetis minuscule se substitua à la détonation. J'essayai une nouvelle fois, percutant le vide. Le vieux me regarda, les traits figés. Camblain me repoussa et exécuta le père Lebreucq. Le corps tomba à mes pieds et fut agité de quelques soubresauts avant de s'immobiliser. En haut les femmes hurlaient, tambourinaient à la porte de la chambre. Le poing du capitaine me frappa l'épaule.

— File-moi ton pistolet que je le regarde...

Je le lui remis en le tenant par le canon. Il l'examina rapidement et me le rendit.

— Un conseil pour la prochaine fois : déverrouille la sécurité... Si on était tombés sur des types armés, ça pouvait te coûter la vie.

Il se baissa pour s'assurer que les deux Lebreucq étaient bien morts.

— Allez, dépêche-toi, on rentre.

Le chien faisait un boucan de tous les diables. Nous parcourûmes les deux cents mètres qui nous séparaient du bateau sur le qui-vive, tous les sens en éveil, mais les bruits de l'eau, des feuillages, des animaux étaient ceux, familiers, du marais. Je libérai le cordage de la souche et poussai l'escute par le pic tandis que Camblain saisissait la perche. Il retrouva le Petit-Leck et piqua en direction de Lyzel, sur la gauche. Il nous fallut moins d'une demi-heure pour atteindre la vanne de l'île Flottante. Camblain engagea la barque dans un canal étroit, la bloqua dans les roseaux. Un chemin de terre, bombé, ondulant le long des watergangs, permettait d'éviter le faubourg et la proximité des casernes du quartier Foch. Il conduisait, à travers le Brockus, aux berges de l'Aa. La masse sombre de la forêt de Rihoult se dressait à moins d'un kilomètre. Nous marchions à dix mètres l'un de l'autre, sans nous parler. Le capitaine s'arrêta enfin près de l'étang d'Harchelles, en plein cœur de la forêt. Je me laissai tomber à terre, épuisé.

— On va dormir ici... Si tu n'es pas habitué à coucher par terre, fais-toi un lit de feuilles...

Je n'en avais pas le courage. Je roulai ma veste en guise d'oreiller et m'endormis d'un coup derrière un boqueteau de châtaigniers. Camblain me secoua au petit matin et je compris, à ses cernes, qu'il avait monté la garde le restant de la nuit.

— Debout, Jeannot... Tu dois bientôt partir.

Je me lavai le visage au bord de l'étang.

— Vous ne venez pas avec moi, capitaine?

Le manque de sommeil accusait ses rides, creusait les cicatrices sur sa peau. Il évita mon regard.

— Non, tu retournes à Cauchel. Moi, je monte vers le nord... On devrait se revoir d'ici peu : il y a encore beaucoup de travail dans la région...

Je repensai brusquement aux Lebreucq, aux cris de détresse des femmes, à la hargne du cabot...

Camblain pointa le doigt sur un sentier forestier qui filait plein sud.

— Descends tout droit par là. D'ici deux kilomètres tu croiseras la nationale 42. Tu verras un abri des bus artésiens. Planque-toi dans le fossé, une voiture viendra te ramasser... Le conducteur klaxonnera trois coups brefs... Bonne chance, môme.

Je me morfondis près de deux heures au creux du fossé avant qu'un avertisseur enroué ne me tire de mon désespoir. Je reconnus la Juva Quatre du boulanger d'Aire-sur-la-Lys. Phalippou me fit monter en vitesse à l'arrière et m'offrit un pain au chocolat tout croustillant. Je le mangeai lentement, profitant de chaque bouchée. J'en gardai la saveur des années durant.

Chapitre 5

Jean Ricouart se tourne, allume le plafonnier puis se met à trier la liasse de papiers posée à sa droite. Il en extrait un calendrier des postes, celui de l'année 1947. Il le feuillette et l'ouvre à la page centrale sur un plan de la région de Saint-Omer. Son index hésite sur les traits gris, précise les itinéraires. Je viens me placer derrière lui.

— Voilà d'où on est partis cette nuit-là. Rue de la Poissonnerie. Le quartier vivait à l'époque, ils n'avaient pas encore percé le canal à grand gabarit et tout le trafic passait par le Haut-Pont. Un véritable port de marchandises en plein cœur de la ville... Le Brockus était encore un marais, comme Dambricourt ou Gilliers...

— Vous y retournez de temps en temps?

Il referme le calendrier. J'aperçois l'illustration, encadrée par la liste des mois : une reproduction rehaussée de couleurs de *La Marseillaise* de Rude.

— Surtout depuis que je suis à la retraite. Je taquine le goujon pour tuer le temps... Ma femme dit, elle, que je tue le goujon en taquinant le temps... J'évite de passer par Saint-Omer, c'est tout.

— Vous n'avez pas l'air de les porter dans votre cœur. Qu'est-ce qu'ils vous ont fait pour mériter ça?

Jean Ricouart ne répond pas tout de suite. Il pèse ses mots, organise ses souvenirs comme je l'ai vu le faire depuis le début de notre entretien.

— On n'est pas du même monde, voilà! Et, l'air de rien, c'est quelque chose qui va chercher loin... On habite à trente-cinq kilomètres les uns des autres, mais on ne pense pas pareil, on ne vit pas pareil... Ici le mineur ne possède rien, même pas ses vêtements de travail, même pas son casque... La maison, c'est celle de la compagnie. Il ne dispose que d'une seule richesse : les autres. Ici pour recevoir des nouvelles de Saint-Omer, on en recevait... Pendant les grèves : leur ville est pourrie de casernes! Caserne du Bueil, caserne de la Barre, caserne Foch... Ils n'ont jamais essayé d'en construire une à Cauchel! Ça veut quand même dire quelque chose... Allez parler des gens de Saint-Omer à ceux de la côte, entre Boulogne et Dunkerque, ils vous diront exactement la même chose. S'il y avait des statistiques là-dessus, je suis certain que cette ville détiendrait la première place question collaboration... Les Allemands ont annexé la région Nord-Pas-de-Calais, c'est pratiquement devenu une province du grand Reich... On payait en marks... Il y a des coins où les gens n'ont pas fait la différence...

Je me rassieds face à lui. Les phares d'une voiture font briller les gouttes d'eau sur les vitres du salon. Il dresse la tête, écoute les bruits du dehors et creuse les épaules. Je proteste, sans trop de conviction.

— On ne peut pas les mettre tous dans le même sac...

— Bien sûr : on tombe toujours sur une exception qui permet de s'en sortir. J'ai dormi une nuit dans l'arrière-salle d'un café de la place de la Mairie, chez Lécuyer... Un brave type qui n'hésitait pas à prendre des risques. Un sur mille... Alors qu'au même moment tout le pays minier s'était soulevé! Le marais, la vase, c'est leur univers et ça leur va bien.

Il me regarde, s'étonne de ma bonne humeur.

— Pourquoi riez-vous? Il n'y a rien de drôle...

— Vous n'allez pas me croire : je suis né à Saint-Omer.

Il bougonne.

— Tant pis! Les choses sont comme ça... Je ne retire rien à ce que j'ai dit.

Il tend le cou vers moi.

— Vous n'avez pas la tête de quelqu'un de là-bas. J'ai l'impression qu'ils sont nés vieux. Ils vivent repliés sur eux-mêmes en comptant leur argent, en ressassant leurs secrets...

Je désigne le haut du téléviseur, du doigt.

— Vous avez eu d'autres enfants?

Jean Ricouart se rembrunit.

— Non. Il n'y a que Lucien...

Je crois bien qu'il s'apprêtait à m'en dire davantage mais la porte sur la rue vient de s'ouvrir. Marie entre, se retourne sur le seuil pour secouer son parapluie.

— Quel sale temps! Vous discutez encore?

Je rassemble mes affaires en bord de table.

— Non, nous avons fini pour aujourd'hui. J'allais partir.

Jean Ricouart l'a rejointe. Il l'embrasse sur la joue

et l'aide à quitter son manteau. Ils parlent à voix basse. Je range les cassettes enregistrées dans les poches de la sacoche après avoir numéroté les faces. Il me tend la main.

– J'espère que ça vous servira. Je n'ai rien fait d'exceptionnel... Ni plus ni moins que les copains.

Je prolonge la poignée de main.

– J'aimerais connaître la suite très rapidement. Vous êtes libre demain ou après-demain?

– Pourquoi? Je vous ai tout dit... Je n'ai plus participé à aucune opération après l'histoire des deux Lebreucq...

J'insiste.

– Je suis certain qu'il vous reste des dizaines de choses à raconter.

Il se laisse convaincre.

– Venez demain.

Je sors. Ma voiture est garée à l'entrée de la cité des Cosmonautes devant une sculpture malingre censée symboliser la conquête de l'espace. Une trajectoire en forme de cimeterre, fichée par le bas dans un bloc de béton et surmontée au sommet d'un suppositoire rouillé. Le vaisseau goutte à la manière d'un vieux robinet et bleuit faiblement au passage des voitures.

Ceux qui en ont rentrent du travail. Ça bouchonne à tous les carrefours. J'ai besoin de réfléchir à tout ce que je viens d'entendre, comprendre pourquoi le groupe Camblain se voyait confier des missions du type de celle de l'imprimerie Fernagut alors qu'une équipe constituée spécialement pour terroriser les collaborateurs sévissait beaucoup plus près de Saint-Omer, à Aire-sur-la-Lys...

Je m'engage sur la route de Barclin et passe devant le café de Raymond dans lequel, quarante-trois années plus tôt, Ricouart avait rendez-vous avec Moktar pour préparer l'embuscade devant la quincaillerie Osseland. Une dizaine de vieux jouent aux cartes près d'un bar minuscule.

Je me balade sur les collines, sans but précis, réécoutant les souvenirs de Ricouart. Au détour d'une départementale en voie de disparition et qui devrait figurer au livre des records pour sa densité de nids de poules, le faisceau de mes phares accroche le panneau d'entrée à Heurinderques.

Le bourg endormi s'étire le long de la route, l'église en retrait. Quelques silhouettes grises se hâtent vers les boutiques encore ouvertes. Je me gare près d'un *Café-Bar-Pêche*, un troquet minuscule dont la devanture, pleine de cannes, annonce « Vers de terre », en blanc dans la poussière. Un couple aviné guette le client devant une rangée de verres sales. Je ne trouve pas suffisamment de courage pour entrer leur demander mon chemin. Je me vois déjà avalant une bière tiédasse dans de la vaisselle grasse...

La mercerie est située deux rues plus loin, près de la mairie, une construction étroite de deux étages, coincée entre une boucherie chevaline et une épicerie. Le rideau de fer est baissé à hauteur du montant supérieur de la porte. A droite quelques chapeaux de femmes s'avachissent sur leurs présentoirs en bois verni tandis qu'un bazar de canevas, de bobines de fil, de fermetures Éclair, de sous-vêtements, de contreforts, pendouille sur les étagères de la vitrine opposée. La sonnette claque sans résonner quand je pousse la porte. Une grosse lampe jaune, sous sa coupole émaillée, éclaire les rayons. La vendeuse est au fond, accroupie, le dos tourné. Elle range des cartons dans sa réserve. Elle se relève, s'essuyant les mains sur sa blouse bleue à carreaux.

— Qu'est-ce que vous voulez? J'allais fermer...

Son visage est d'une maigreur extrême. Elle parle en avalant ses lèvres qu'aucune dent n'empêche de s'affaisser. Les syllabes se forment comme elles peuvent et les mots sortent usés de sa bouche. Je baisse les yeux, mal à l'aise.

— C'est bien la maison Schots?

Un sourire se dessine au milieu de ses rides.

— La maison Schots, comme vous dites! Et vous lui voulez quoi à la maison Schots?

— J'aimerais bien rencontrer un certain Raymond Schots... Il se faisait également appeler Couture.

La vieille passe ses mains osseuses dans ses cheveux, les ramenant en arrière.

— Vous arrivez un peu tard pour parler au Raymond... Il est mort il y a plus de vingt ans!

Je marque le coup.

— Excusez-moi, je l'ignorais...

— Oh! ne vous en faites pas... J'ai eu tout le temps pour m'en remettre. Il ne valait pas les trois larmes que j'ai versées sur son cercueil...

Elle prend appui sur le comptoir et se hisse sur le tabouret de la caisse.

— Il est mort ici, à Heurinderques?

— Non. Il m'a laissée tomber comme une vieille chaussette, deux ans après la guerre... Je l'ai revu en 1965, à l'hôpital de Forbach, juste avant qu'il passe l'arme à gauche... En 1965... C'est la seule fois où j'ai fermé la boutique...

Je l'interromps.

– Vous dites à Forbach, en Lorraine?

– Oui. Vous parlez d'un voyage qu'il a fallu faire pour le ramener dans sa boîte...Il avait refait sa vie là-bas. Il travaillait aux Houillères de Lorraine, une bonne place... C'est le foie qui l'a emporté : il buvait comme un trou... Il a eu des femmes mais je lui rends justice, il ne s'est jamais remarié et maintenant je touche la pension de réversion... S'il fallait compter sur le commerce pour vivre!

Je frôle une gaine rose élastique en m'approchant.

– Et pendant la guerre, il vous parlait de ses activités de résistant?

D'un coup son visage s'est resserré sur son nez, la vague de rides du front s'est abaissée, les orbites se sont creusées, le menton s'est soulevé. Elle m'observe, me jauge au travers de ses paupières plissées.

– Je n'ai rien à dire... Qu'est-ce que vous cherchez à savoir?

La violence du soupçon me désarçonne.

– Rien... je me renseigne sur cette période, c'est tout... j'ai entendu parler de Couture...

Sa voix se fait pointue, le débit s'accélère.

– Il voulait oublier tout ça... C'est pour ça qu'il est parti... Pas à cause de moi... Laissez-le dormir en paix. Vous en trouverez bien d'autres, ce n'est pas ce qui manque, par ici, les héros...

Elle contourne le comptoir, me dépasse en trottinant et prend au passage la perche à crochet posée au coin de la vitrine. Elle l'accroche à l'anneau de la crémaillère.

— Il est tard. Je ferme pour de bon.

A côté, le boucher baisse lui aussi son rideau. Je négocie un steak en lui faisant jouer les prolongations et achète un sachet de pommes de terre précuites à l'épicerie.

Le bar-pêche a fait le plein de paumés. La buée des haleines voile les vitres.

J'entre.

Chapitre 6

Jean Ricouart est accroupi dans le petit jardin de devant. Il débarrasse les tiges des feuilles séchées et craquantes. Il se redresse en m'apercevant, s'essuie les mains sur son chandail.
— Bonjour. Je m'occupais en vous attendant. Entrez et installez-vous. J'arrive.

Rien n'a changé dans les deux pièces. Le portrait de Lucien me fait toujours face, sur sa télé éteinte. Je dispose le magnéto sur la table puis les cassettes, mon calepin et les stylos. Jean Ricouart s'affaire dans la cuisine. Il traverse la salle, une bouteille dans chaque main et un gâteau en équilibre sur les avant-bras.

— Ma femme est partie faire des courses. Elle reviendra en fin de journée. Vous verrez, elle se débrouille très bien pour les pâtisseries...

Il coupe deux épaisses tranches de gâteau et débouche la première bouteille de bière. Je me baisse vers ma sacoche pour saisir le sachet en papier, écrasé entre deux bouquins.

— Tenez... J'y suis passé ce matin...

Il tend la main, surpris, ouvre la poche imprimée

et en sort un pain au chocolat à la croûte dorée. Ses yeux brillent. Il lisse la pochette pour relire *Boulangerie-Pâtisserie Phalippou Aire-sur-la-Lys Spécialités*, et respire l'odeur de la pâte cuite avant d'y plonger les dents.

CAUCHEL 5 JUILLET 1944

Au retour j'ai demandé au boulanger de s'arrêter quelques minutes à l'entrée de la cité Saint-Gilles. Je me dissimulais sous un sac vide pour observer la rue menant à la maison des Tourbier. Marie, adossée à la barrière, discutait avec une des filles Prévost. Elle se cabrait, creusant ses reins, pour saisir la traverse de bois placée derrière elle et son geste instinctif faisait pointer sa poitrine. Phalippou la regardait aussi.
– Tu la connais cette petite ?
Je me sentis rougir sous la toile pleine de farine.
– Un peu... On s'est déjà rencontrés...
Il me laissa rêver encore un moment puis enclencha la première. La Juva Quatre déboîta devant un camion d'Usiméca, l'obligeant à piler dans un énorme grincement de freins. Je vis le long museau du Citroën se rapprocher de la porte de la fourgonnette. La grille du radiateur occupa, une fraction de seconde, toute la hauteur de la vitre. Les deux chevrons parallèles de la marque se collèrent au carreau. Je serrai les dents, la tête rentrée dans les épaules, mais le choc ne vint pas. La Juva Quatre creusa l'écart et fila vers l'église sans se soucier des coups de klaxon vengeurs.

Lenglart effectuait sa tournée. La clef de la maison se trouvait sous un pot de fleurs brisé, dans le jardin. J'entrai alors qu'une patrouille allemande tournait à l'angle de la rue. Elle dépassa le pavillon sans s'arrêter et je quittai le coin de la fenêtre d'où je la surveillais, le pistolet au poing. Je fis chauffer de l'eau sur la cuisinière, me déshabillai et lavai mes sous-vêtements, ma chemise avec les restes de savon que le facteur conservait au fond d'une casserole rouillée, sous l'évier.

Rien ne m'y obligeait, mais je marchais en étouffant mes pas, toujours aux aguets, le flingue à portée de la main. Quinze jours d'action avaient suffit à me transformer en clandestin.

J'étendis mon linge au-dessus du fourneau, près du tuyau et m'allongeai sur le matelas, derrière la couverture. Je me demandais ce qui avait amené Camblain à me désigner à ses côtés pour l'opération de la nuit précédente et ne trouvai pas de réponse satisfaisante. Nous avions échangé une dizaine de phrases, au maximum, pourtant l'apparente simplicité avec laquelle il avait ordonné la mission, sa calme détermination au moment de liquider les Lebreucq, m'avaient fortement impressionné. Un raclement métallique contre le mur de façade m'alerta. Je saisis le mauser et me plaçai vivement en embuscade près de la porte qui s'ouvrit. Le guidon du vélo apparut. J'essayai de me dissimuler au regard interloqué de Lenglart.

– Qu'est-ce que tu fous à poil? On t'a piqué tes fringues cette nuit?

Je plaquai une main devant mon sexe et montrai le fil à linge.

— Je viens de les laver... Je n'ai pas eu le temps de prendre d'affaires de rechange, chez moi...

Il accrocha son vélo au crochet en maugréant, passa dans sa piaule pour en ressortir avec une pile de vêtements sous le bras.

— Ce serait bien le diable si tu ne trouvais pas ton bonheur là-dedans... Je mettais ça quand j'étais jeune homme...

J'enfilai un pantalon, pinçai la taille et serrai une ceinture à son dernier cran puis je passai une chemise échancrée dépourvue de col qui me donna immédiatement la dégaine d'un flibustier. Lenglart m'inspecta de la tête aux pieds.

— On pesait quand même plus lourd de mon temps!

Il prit deux fers dans le four de la cuisinière, les posa sur la plaque du dessus et déroula une couverture usagée sur la table.

— Tu sais repasser au moins?

— Non, c'est ma mère qui s'en occupe... Ce n'est pas grave, je les mettrai comme ça. Elles se défroisseront sur moi.

Il me fit quitter la chemise, attrapa le premier fer à l'aide d'un vieux gant replié en quatre, approcha sa joue de la semelle brûlante et commença son mouvement de va-et-vient sur le tissu rêche, insistant sur les doubles épaisseurs, aux poignets et au col.

— Tu pars ce soir, Jeannot, j'ai reçu des ordres pour toi...

Je buvais un verre d'eau près du feu. Des gouttes d'eau tombaient sur la fonte et explosaient en dizaines de billes minuscules qui roulaient en grésillant avant de disparaître.

Je sursautai.
- Une autre opération... Déjà!
Lenglart se retourna pour prendre le second fer.
- Pourquoi « déjà »? Tu es fatigué?
Je haussai les épaules et vint m'asseoir face à lui.
- J'aimerais tellement que tout soit fini. Ce n'est pas que j'aie peur de mourir... ou si jamais ça me vient à l'esprit, il suffit que je pense à Moktar, à ce qu'il a fait pour moi... Non, il y a que c'est trop dur de tuer les gens... Je les entendrai toute ma vie crier, là-haut dans leur chambre, taper contre la porte...
Il me lança la chemise chaude.
- Est-ce que tu avais le choix! Pose-toi la question...
Je m'habillai.
- Non, bien sûr. C'est eux ou nous. C'est bien le plus terrible : qu'on ne puisse pas s'en sortir autrement qu'à coups de pistolet... Est-ce qu'il faudra exécuter tous ceux qui ont trafiqué avec les nazis, qui ont dénoncé leurs voisins juifs, qui ont envoyé une lettre à la Kommandantur... On est partis pour liquider la moitié du pays...
Lenglart frotta la semelle des fers avec une boule de papier journal puis il les rangea à leur place, dans le four.
- On ne pense pas au pardon sous la menace, Jeannot! En ce moment ils braquent des milliers et des milliers de canons, de tanks, sur nous et nous ne disposons que des cailloux du chemin pour nous défendre. On pardonne quand on est fort. Si on le fait quand on est faible, on le reste...
Je branchai le fil de la radio et cherchai une station qui diffusait de la musique. La voix de Trenet essayait de se frayer un chemin dans la friture.

– Vous savez où je dois aller?

– Ferme le zinzin, cette musique de fou me casse les oreilles... Les partisans de tout le secteur vont être organisés en compagnies pour participer à des actions de plus grande envergure. Les groupes de Cauchel, Barclin, Atrieux et Guitignies seront rassemblés cette nuit dans le cimetière de Fontille, avant de faire mouvement sur les arrières de l'armée allemande.

– Le cimetière de Fontille? Je ne vois pas où c'est...

Lenglart tira un crayon violet de sa poche, l'humecta et dessina rapidement la route dans la marge du journal, sans inscrire aucun nom.

– Tu vois la sortie de Barclin?

J'approuvai.

– Bon. Tu continues jusqu'à la fabrique, tu la dépasses et tu traverses la forêt de Zeupire. Le cimetière est accroché à la colline, à deux kilomètres du village, à côté des ruines d'un moulin. La consigne est de quitter la route et d'y aller un par un en empruntant les chemins de campagne...

Je déchirai le tracé muet et le glissai dans la poche de mon pantalon. Le facteur regardait par la fenêtre.

– J'ai planqué le fusil de l'Allemand tué par Moktar dans une cabane, derrière la mairie... Je vais en avoir besoin... J'en ai pour une heure...

Lenglart frappa du bout des doigts sur le bord de la table.

– Et tu crois que tu vas traverser Cauchel sous les applaudissements!

– Je n'ai pas dit ça...

– Tu as fait un rapport à propos de ce fusil?

Il venait de changer de ton. Je me braquai.
– Évidemment!
– Dans ce cas, il y a de grandes chances que l'organisation l'ait récupéré. Tu as un pistolet. A Fontille, tu ne seras certainement pas le plus mal loti.

Je n'insistai pas. L'itinéraire de regroupement frôlait les étangs de Barclin. Il me suffisait de gagner les jardins ouvriers au cours de l'après-midi, de déposer le fusil près de la route, dans un endroit discret et de le reprendre en partant vers le cimetière. Lenglart bricola une omelette au fromage et fit fondre dans une casserole des pommes glanées au cours de sa tournée du matin.

– Tu me rends jaloux, tu sais. Ça me coûte de rester ici mais avec mon bras, enfin celui que je n'ai plus, que veux-tu que je fasse! Je suis plus utile en train de surveiller le courrier du quartier.

Il fit une courte sieste après manger et regagna la poste. Je me risquai dehors, en milieu de journée, après avoir caché mon pistolet sous l'évier, enroulé dans une serpillière. Les rues étaient presque vides et les quelques passants longeaient les façades pour profiter de l'ombre. Je baissai la visière de ma casquette sur mes yeux, essayant d'adopter la démarche décontractée d'un promeneur. J'évitai la rue principale et la place de l'église Saint-Eloi, me dirigeai en direction des jardins ouvriers par le réseau de ruelles de la cité des Contes. On l'appelait ainsi, à Cauchel, depuis que les Houillères avaient eu l'idée de baptiser chacune des rues du coron du titre d'un conte : la rue Peau-d'Ane croisait l'avenue Barbe-Bleue, et on accédait à l'impasse du Tapis-

Volant par le boulevard de La Belle-au-Bois-Dormant.

Une patrouille allemande filtrait le passage au bout de la rue du Petit-Poucet, à moins de cent mètres. Je ralentis le pas et m'accoudai à la grille de l'école Saint-Joseph. Les gamins du patronage sortirent en hurlant du préau et se partagèrent la cour de récréation. J'appelai un blondinet solitaire et lui demandai le chemin de la mairie afin de justifier mon attitude aux yeux des soldats puis je m'engouffrai dans la première rue sur la gauche. Mon regard se figea sur les deux miliciens en uniforme et sur l'homme en civil adossés à la Vivaquatre noire qui barrait la chaussée.

Mon corps devint douloureux. Je me forçai à marcher sans rien laisser paraître de ma peur. L'un des miliciens avait enlevé son béret plat pour s'éponger le front. L'autre ôta la main de sous la lanière de cuir du baudrier et m'indiqua le trottoir de droite. Je traversai en gardant les poings dans les poches de mon pantalon. Je les sortis lentement quand je fus près d'eux. Le premier milicien, un jeune gars boutonneux, très maigre, avança vers moi.

— Où tu vas comme ça? Pourquoi n'es-tu pas allé tout droit... Les Allemands t'ont fait peur?

Il parlait avec un accent flamand très prononcé.

— Non. Je me promène, je profite du soleil...

— Tu as tes papiers?

Il examina ma carte d'identité et s'arrêta sur une ligne qu'il me montra du doigt.

— Tu travailles toujours chez Usiméca, comme apprenti fraiseur?

Je le regardai bien en face.
– Oui, bien sûr...
– Alors qu'est-ce que tu fiches dehors à cette heure-là ?
Je ne me démontai pas.
– Je suis du matin. Je termine mon service à deux heures. Quand je rentre, je n'arrive pas à me reposer : il faut que je marche...
Le Flamand replia ma carte et me la tendit. Je m'apprêtais à passer le barrage quand l'homme en civil, un petit bonhomme ruisselant de sueur, tire-bouchonné dans un costume trop petit pour lui, me posa la main sur l'épaule.
– Fais voir tes mains.
Il me parlait sous le nez et son haleine me souleva le cœur. J'ouvris mes paumes, les lui montrai.
– Tes ongles.
Je retournai mes mains, interloqué et inquiet. Il me balaya le sommet du crâne d'une claque, faisant voler ma casquette. Je me baissai pour la ramasser. Mon visage rencontra violemment son genou qui remontait à toute vitesse. La soudaineté de l'attaque, sa brutalité, m'anéantirent. Je me raccrochai à la gouttière de la Renault, le nez en sang. Je sentis qu'on me tirait par les cheveux. La douleur me réveilla.
– Alors tu sors d'Usiméca ! Explique-moi comment tu te débrouilles pour avoir des mains et des ongles aussi propres après dix heures de machine...
Je reniflai, crachai le sang qui coulait dans ma bouche.
– J'étais malade... Je reprends demain...
Je vis le civil s'avancer très près, au travers de

mes larmes. Son odeur, mêlée à celle du sang, me donna la nausée. Je me mis à hoqueter, à me répandre. Le milicien qui me tenait par les cheveux me lâcha. Je m'effondrai à quatre pattes dans le vomi.

– Fouillez-le dès qu'il aura fini de dégueuler.

Une jeune femme avec une poussette franchit le contrôle. Ses jambes nues me frôlèrent. Je la regardai s'éloigner, ses talons martelant le trottoir, persuadé que c'était là ma dernière image d'homme libre. Les spasmes s'espacèrent. Je crachai pour me nettoyer la bouche et me relevai, m'agrippant à la clôture d'une maison.

– Retourne-toi. Plaque tes mains au mur.

Le second milicien, le visage inondé de sueur, me força à écarter les jambes à coups de bottes. Il me palpa méticuleusement, empilant sur le capot ce qu'il prélevait dans mes poches. Il en fit l'inventaire. J'eus conscience de mon extrême imprudence quand il déplia entre ses doigts le fragment de papier déchiré dans la marge du journal et sur lequel le facteur avait dessiné l'itinéraire pour Fontille. Il me regarda en souriant.

– Chef! Venez voir ce qu'il cachait sur lui...

Le petit bonhomme boudiné prit le plan, l'examina...

– Qu'est-ce que c'est? Tu as une idée?

Je me sentis battu, humilié. Je n'eus pas la force d'inventer le mensonge qui m'aurait permis de grapiller quelques secondes de réflexion.

– Je n'en sais rien...

Sa main claqua sur ma joue. Il me prit par le col, vrilla le tissu qui m'étrangla. Une énorme verrue était logée dans le pli de l'aile de son nez.

— Il vaut mieux pour toi que tu répondes tout de suite... Sinon je t'emmène au bureau et tu t'apercevras alors du prix du déplacement...

Je détournai la tête, les yeux fermés. Il hurla.

— Embarquez-le et toi, Emilien va prévenir les Chleuhs que nous levons le camp !

Le Flamand fit claquer l'un des bracelets de ses menottes sur mon poignet droit, me poussa sur la banquette arrière de la Vivaquatre et accrocha le second bracelet à une poignée métallique fixée au plafond de la voiture. Il s'assit près de moi. Le civil prit place de l'autre côté. A son retour, le second milicien s'installa au volant, essoufflé par sa course. Il baissa la vitre et la Renault traversa le coron au ralenti. On sifflait la fin de la récréation, rue du Petit-Poucet.

Le siège local de la Milice occupait les locaux de l'ancienne union locale des syndicats de Cauchel, route d'Atrieux. Le civil me confia aux deux miliciens.

— Je vous retrouve d'ici une petite heure... Je téléphone chez Usiméca pour vérifier ce qu'il nous raconte.

Ils me précipitèrent du haut d'un escalier, me relevèrent à coups de galoche. Au début je me rétractais, je durcissais les muscles, mais je compris rapidement qu'il était moins douloureux de laisser le corps à l'abandon, les chairs flasques.

Les coups cessèrent au bout de dix minutes. On me traîna dans une pièce aux murs carrelés, meublée d'un fauteuil massif et d'une table remplie d'outils, d'instruments métalliques. Le Flamand alluma le plafonnier, s'accouda à la fenêtre le temps d'une cigarette.

Quelquefois, à l'usine, Soudan parlait de ce qui pouvait nous arriver, de tortures. Les mots me faisaient peur... des ongles arrachés, l'asphyxie dans une baignoire, des bouteilles enfoncées dans le cul... J'eus soudain envie de me soulager, d'aller aux toilettes. J'implorai.

– Je peux aller pisser s'il vous plaît?
– Pisse dans ton froc! C'est toi qui fais le ménage...

Ils éclatèrent de rire. Je me retins, le ventre brûlant, sachant confusément que je ne devais rien leur offrir. Le civil nous rejoignit. Il se planta devant moi et agita une feuille de calepin à hauteur de mes yeux.

– Tu es un drôle de malade! On ne t'a plus revu à Usiméca depuis une quinzaine de jours... Sans autorisation... Chez ton père, c'est le même refrain : on lui a posé la question, il y a un quart d'heure, à la remonte : il ne sait pas ce que tu deviens... Ça commence à faire beaucoup d'interrogations pour un seul homme! Tu as peut-être les réponses?

Je relevai la tête, essayant de le défier.

– J'ai pris des vacances... Je me sentais fatigué...

Il grimaça un sourire.

– C'est ça, tu te crois toujours sous le Front populaire!

Il brandit le plan de Lenglart.

– Et tu vas me dire que ce plan, c'est l'itinéraire pour retrouver la plage! Écoute Ricouart : il existe mille manières de te faire parler. Des plus douces aux plus ignobles et tu comprendras que je ne recule devant rien quand je t'aurai dit que personnellement je ne fais aucune différence entre le miel et le piment.

Il se passa la langue sur les lèvres avec gourmandise.

— Assieds-toi sur le fauteuil.

Je lui obéis. Les deux miliciens prirent des sangles sur la table et m'attachèrent les membres aux pieds et aux accoudoirs du siège. Ils agissaient méthodiquement, sans un seul geste inutile, avec cette sorte de détachement que procure l'habitude. Leur chef vérifia la solidité des liens.

— La mémoire te revient?

— Je n'ai rien à dire...

— Dommage... Tu vas avoir droit au traitement des caïds, d'entrée... Je suis sûr que tu aurais craqué avec un simple deuxième degré, mais en ce moment nous n'avons pas le temps de finasser et d'utiliser toutes les subtilités du métier...

Il me tapota la joue, et me fourra un tissu humide et graisseux dans la bouche. Je respirai par le nez, de brèves saccades, comme un noyé. Le Flamand me recouvrit la tête d'un casque composé d'une dizaine de morceaux de fer, une sorte de heaume ajouré hérissé de boulons.

L'image des condamnés à mort américains s'imposa à mon esprit.

J'essayai de bouger, de crier une dernière phrase avant le courant mortel. Le milicien ajusta la bride.

— Francis, c'est bon, tu peux amener la clef.

Je le regardai s'avancer vers moi, les yeux exorbités. Il vint se placer dans mon dos. Je l'entendis, sans trop comprendre, qui bricolait le casque avec sa clef à pipe, une fois à droite, une fois à gauche. Les chocs de l'outil sur la ferraille m'arrivaient amplifiés par les vibrations. J'eus la révélation de ce qu'ils préparaient quand la lame courbe qui allait d'une oreille à l'autre m'enserra le crâne. Un instant plus tard, c'était au tour de mon front d'être bloqué par cette ceinture d'acier. Le milicien se déplaçait autour du fauteuil, serrant régulièrement les boulons. Une douleur insupportable m'électrisa le cerveau. Tout mon corps fut pris de tremblements. La souffrance occupait tout ce que j'étais : je n'avais même plus la force de souhaiter la mort...

Le civil m'arracha le chiffon de la bouche. Un hurlement de bête blessée résonnait entre les murs carrelés et je mis longtemps à réaliser qu'il prenait naissance au fond de ma gorge. Le milicien relâcha la pression du métal. La souffrance s'atténua. J'avais l'impression que la marque du casque était imprimée sur ma tête, à jamais.

Je me rendis compte que j'avais mouillé mon pantalon et j'en conçus absurdement de la honte... Le civil tomba la veste. Son ventre rebondi tendait le tissu de sa chemise qui s'ouvrait en amande entre les boutons. Je clignai les yeux pour dissiper le flou, sans résultat. Un voile de détresse s'était dressé entre le monde et moi.

– Alors, tu te décides à m'expliquer ce que représente ce plan ?

Il me prit par le menton.

– On peut encore donner deux tours de vis sans problème. Je te laisse imaginer... Tout à l'heure tu as eu droit à un tour... Ensuite...

Il claqua des doigts.

– Ensuite, les os craquent d'un coup comme une noix de coco... Tu te retrouves le cerveau à l'air... L'œuf à la coque...

Je n'ouvris pas la bouche, le moindre mot aurait entraîné toutes les phrases que j'avais prononcées depuis ma naissance... Mon silence valait davantage que la vie minuscule que je venais de traverser sans trop y réfléchir. Le plus petit aveu menait à Lenglart, à Soudan, à Moktar, à Couture, à Phalippou, à Viandier, à Camblain... et à cet Allemand tué devant la quincaillerie Osseland, à l'imprimerie Fernagut, à la ferme des Lebreucq... Et surtout aux Tourbier, à Marie... Je me sentis prêt à supporter le traitement que le chef des miliciens me décrivait une minute plus tôt.

– Tu as pris ta décision, Ricouart ?

– Vous ne pouvez rien obtenir de quelqu'un qui ne sait rien...

Il leva les mains au ciel.

– Qu'est-ce que tu veux, l'erreur est humaine ! En ce moment je ne peux pas courir le risque de laisser échapper un renseignement... Je ne te mets rien dans la bouche, tu verras, ta langue va marcher toute seule...

La clef à pipe choqua le premier boulon puis s'ajusta sur tous les autres. Je gueulai à tue-tête pour abolir le temps et supporter l'infernale pression qui me broyait les tempes. La silhouette du rondouillard tanguait devant mes yeux et ses contours devenaient incroyablement lumineux.

Le cri terrifiant qui m'enveloppait cessa d'un coup. Tout se mit à tourner comme un manège fou. La douleur disparut dans le noir.

Je revins à moi, des heures plus tard. Un homme était agenouillé à mon chevet. Il me mouillait le front à l'aide d'un morceau de tissu qu'il plongeait dans une gamelle en fer-blanc. J'étais allongé à même le sol, une couverture sous la nuque et l'ombre des barreaux de l'unique fenêtre s'étirait sur le mur qui me faisait face.

Il remuait les lèvres comme s'il essayait de me parler mais aucun son ne me parvenait. Je me soulevai pour lui demander de hausser la voix. Je retombai lourdement sur la couverture roulée sans avoir réussi à articuler un seul mot. Je demeurai ainsi plusieurs jours sans bouger, reclus dans le silence, la tête traversée d'éclairs fulgurants qui me laissaient inerte. Mon compagnon me donnait à manger, à boire, me lavait. Je sentais sa présence, sa respiration près de moi aux moments de détresse absolue.

Au matin du cinquième jour, une sorte de couinement me réveilla. Un bruit aigu, agaçant, faible et dissonant et qui devint de plus en plus ample et harmonieux. Cela faisait presque une semaine que je vivais dans un monde muet et je ne parvenais pas à décider si ce bruit insistant appartenait à mon propre corps ou s'il prenait naissance à l'extérieur. Je ramenai mes mains sur ma poitrine et les frappai l'une contre l'autre. Un claquement grave et cotonneux me révéla que je recommençais à entendre. Je reconnus enfin le chant du merle, au-dehors. Je me mis à l'applaudir, pleurant de bonheur.

Le prisonnier qui partageait ma cellule me prit les poignets. Il colla ses lèvres à mon oreille.

– Arrête! S'ils savent que tu vas mieux, ils vont venir te rechercher... Joue les malades le plus longtemps possible : c'est ta seule chance.

– Où on est?

Ma voix me fit tressaillir : je l'entendais comme celle d'un étranger.

Il chuchota.

— A la prison de Loos-lès-Lille, dans le quartier des politiques. De l'autre côté du couloir, c'est le secteur des otages.

— Ça fait longtemps que tu es là?

— Oui. J'y suis resté trois mois... J'en ai vu partir des dizaines au petit matin, à l'appel de leur nom... Après ils m'ont remis en cellule ordinaire... Je vis ça comme un répit.

Il posa sa main sur mon front.

— Ils t'ont drôlement arrangé! Tu appartiens à quel mouvement? Les F.T.P.?

Je baissai les paupières pour éviter de répondre. Les Allemands n'hésitaient pas à truffer les prisons de mouchards ou de gars qui avaient craqué entre leurs mains. Mon compagnon fit passer sa chemise par-dessus sa tête.

— Regarde, si tu n'as pas confiance...

De larges croûtes zébraient son dos, ses bras.

— J'ignore de quelle manière ils s'y sont pris avec toi... Moi, ils m'ont fouetté jusqu'aux os, les poignets attachés au plafond par une corde. Comme au Moyen Age... Je me suis fait coincer à Hazebrouck, dénoncé par un commerçant qui m'avait vu mettre des tracts dans les boîtes aux lettres.

Je me sentais encore trop faible et déséquilibré pour tenter de me mettre debout. Gruwez, c'est ainsi qu'il se présenta, continua à s'occuper de moi. Il respectait ma discrétion, ne posant plus aucune question. Il m'apprit qu'il était instituteur dans un village proche de la frontière belge, Winzelle, et, dans la cellule, il passait des heures entières à effectuer des exercices de gymnastique suédoise tout en récitant des poèmes ou des paroles de chansons.

J'écrivais des silences, des nuits, je notais l'inexprimable. Je fixais des vertiges.

Il me fit connaître Rimbaud et Trenet, Fréhel et Apollinaire mais malgré tout je ne lui avouai que mon pseudonyme, Jeannot.

On nous transféra la veille du 14 juillet, au petit matin. Les matons, des Français pour la plupart, nous éjectèrent de nos cellules à coups de matraques et nous remirent aux Allemands qui nous attendaient dans la cour près de trois camions bâchés, mitraillettes braquées. Nous étions une bonne cinquantaine de prisonniers, tous plus abattus, plus inquiets les uns que les autres. Les soldats nous firent grimper dans les camions et asseoir sur les bancs de bois puis nous attachèrent ensemble à l'aide d'une longue chaîne qui passait dans une série d'anneaux soudés au plancher. Les lourdes portes de la prison s'ouvrirent et le convoi traversa Lille, longea la citadelle avant de prendre la direction de Marcq-en-Barœul. Je ne rencontrai que des regards mornes. Nous nous attendions tous au pire et n'avions aucune envie d'en parler.

Malheureusement ce n'est pas ce qui advint... ce fut encore pire... Je ne peux pas vous le raconter... Ça ne passe pas par les mots...

Jean Ricouart se lève et se tourne contre le mur. Il respire profondément pour retrouver son calme.

J'entends son souffle oppressé. Instinctivement je coupe le magnétophone. La photo de Lucien m'oblige à baisser le regard. J'arrive à oublier sa présence lorsque son père parle mais le silence la ramène chaque fois devant mes yeux. J'ai envie de me lever à mon tour, de poser ma main sur son épaule, lui dire que je comprends, qu'on arrête tout... Il pivote lentement sur les talons, dégrafe le bouton de sa manche de chemise. Il retrousse le vêtement. Un numéro bleu, dix chiffres peut-être, tatoué à l'intérieur de l'avant-bras.

— Je suis un rescapé de l'enfer... Cette marque sur mon bras est là pour prouver que l'enfer est de ce monde.

Je suis fasciné par ce numéro. Des semaines que j'interroge des témoins, que je remue des archives, des photos, mais jamais la guerre n'a été aussi présente qu'à cet instant. Elle vient de quitter le terrain des petites histoires, des anecdotes. Jean Ricouart se rassied et se verse un verre de bière. J'allume une cigarette.

— Excusez-moi... Je ne voulais pas...

Il trempe ses lèvres dans la mousse, repose son bock.

— Vous n'y êtes pour rien... Vous ne pouviez pas savoir.

Il compulse nerveusement la liasse de papiers posée devant lui.

— Les camions sont arrivés à la gare de Tourcoing. Les S.S. occupaient tous les points névralgiques, les toits, les portes, les fenêtres. Des dizaines d'autres camions militaires étaient garés dans la cour. Je ne pouvais faire deux mètres sans être victime d'un étourdissement. J'avançais au pas dans la file, m'appuyant aux murs, aux piliers, cherchant le secours d'une épaule. Gruwez m'a retrouvé sur le quai, en fin de matinée, m'a embrassé.

— Ils ont vidé la prison de Loos de tous les politiques. J'ai fait partie de la seconde fournée. On sait où ils nous transfèrent?

— Non... Il y a des rumeurs... La citadelle d'Huy, la prison de Bruxelles-Saint-Gilles ou l'Allemagne...

Un train de marchandises s'immobilisa sur la voie 4 en milieu d'après-midi. Les S.S. nous entassèrent dans les wagons et nous attendîmes jusqu'au soir dans la chaleur étouffante, la faim au ventre, la gorge en feu, les premières secousses du départ. Gruwez chantonnait. Le train roulait lentement et faisait des haltes fréquentes. Nous percevions les ordres des soldats, les cris des cheminots allemands au travers des parois de bois. Impossible de s'allonger. Nous étions condamnés à voyager debout ou accroupis. Au matin une bagarre éclata. Gruwez sépara les hommes.

— Nous ignorons où nous allons et combien de temps nous devrons rester enfermés dans cette cage... Si nous commençons à nous battre, pas un ne sortira vivant de ce wagon...

Tous, à notre place, avions participé à la lutte clandestine. Son intervention replaça cet engagement commun au premier plan, devant les souffrances de chacun. Gruwez décréta que l'on pisserait contre la porte coulissante afin que l'urine puisse couler au-dehors, par les interstices, que l'on dormirait à tour de rôle, allongé, dans une moitié du wagon pendant que l'autre moitié des prisonniers se tiendrait debout. Son autorité résista à trois jours d'horreur. Elle s'effondra avec le premier mort.

Les portes coulissèrent au matin du cinquième jour, sur un paysage de collines. Je sautai sur le ballast, cherchant une gare, le nom d'un lieu sur une pancarte. Le train s'était arrêté en pleine campagne, à hauteur d'un carrefour dépourvu de la moindre signalisation. Gruwez prit mon bras, le passa sur ses épaules. Les S.S. grimpaient dans les wagons pour achever les malades, les blessés et les pauvres types devenus fous.

– Essaie de ne pas me lâcher si tu as encore la force de vivre...

Comme sous le casque, dans les sous-sols carrelés de l'ancienne union locale de Cauchel, j'essayai de recomposer le visage de Marie, de me souvenir de son odeur, de la caresse de ses cheveux. Je marchais les yeux fermés, nu contre son corps et j'eus conscience qu'il ne pourrait rien m'arriver tant qu'il me serait possible de me l'imaginer, tant que j'aurais assez de volonté pour appeler ces images dans ma mémoire.

Le camp se trouvait à deux kilomètres des voies ferrées près d'un lac aux berges boueuses. Plusieurs milliers de soldats russes réduits à l'état de bêtes de somme extrayaient la tourbe des rives et du marais. On nous affecta à la construction des radeaux qu'ils utilisaient pour naviguer et sur lesquels ils empilaient les pièces de tourbe arrachées au fond à l'aide de longues perches à l'extrémité desquelles étaient fixées des pelles de bois aux bords garnis de métal.

Nous nous vidions de dysenterie, la vermine courait sur notre corps mais pour rien au monde nous n'aurions échangé notre place contre celle de ces pauvres hères sur lesquels les nazis lâchaient les chiens, s'acharnaient à la matraque...

Chaque jour un ou deux radeaux basculaient sous le poids de la récolte humide. Ils se retournaient entraînant les hommes sous eux. On les voyait s'agripper aux rondins, aux cordages qui les liaient, avec l'énergie du désespoir sachant, pour y avoir assisté cent fois, que leur survie était illusoire.

Depuis la berge les S.S. s'entraînaient au tir.

Mes troubles de l'équilibre s'estompèrent au cours de l'hiver 44-45, un hiver précoce et rigoureux qui parut ne jamais s'achever, comme si les éléments, eux aussi, avaient juré notre perte.

Des camions livraient le peu de vivres qui servaient à confectionner la soupe claire constituant l'essentiel de notre alimentation. Sur les flancs de l'un d'entre eux un déporté avait pu lire Shorfheide-Neumark. Gruwez m'expliqua que la province de Neumark se situait à l'est de Berlin, à proximité immédiate du territoire polonais. Nous étions en plein cœur du dispositif nazi et cette révélation ôta leurs ultimes espoirs à ceux qui rêvaient encore d'évasion.

Le soleil se montra vers la fin du mois de mars et un jour que nous abattions des arbres dans la forêt entourant le camp, un grondement d'orage fut apporté par le vent. Je regardai le ciel sans nuages puis toutes les têtes se dressèrent, cherchant à comprendre d'où venait ce roulement prolongé. Nos gardes-chiourme commencèrent à hurler, à tirer en l'air. Je repoussai la scie vers mon équipier sans que les dents mordent le bois.

— Qu'est-ce que c'est d'après toi, un bombardement ?

Il se tenait baissé, les deux mains sur la poignée.

— Non, on entendrait la pétarade de la « Flack »... J'ai fait mon service dans l'artillerie... Ça, tu peux me croire, c'est du canon longue portée, et pour que ça tremble de cette manière, il doit y en avoir un sacré paquet !

— Des canons ? Tu en es sûr ?

Un large sourire illumina son visage décharné.

— Oui, des canons. Ça veut dire qu'une armée avance vers nous et qu'ils ne sont plus très loin... Regarde comme ils sont nerveux, ils savent que c'est foutu pour eux.

Je tirai la lame vers moi.

— Quelle armée ?

— Le vent souffle de l'est et, de ce côté, je ne vois que les soviets pour faire un boucan pareil.

Les chants qui montèrent, à la nuit, des baraquements russes nous le confirmèrent. Les Allemands les laissèrent chanter jusqu'au matin sans intervenir, et malgré les épreuves infinies subies dans les marais de Schorfheide, j'interprétai leur attitude comme le sursaut d'hommes renouant avec la raison. Hélas les heures suivantes me ramenèrent sur ce que je m'obstinais à nommer « terre ».

Le claquement sec des mitrailleuses nous réveilla au petit matin. Les deux cents hommes de la baraque se dressèrent sur leurs grabats. Je me levai et tentai d'ouvrir la porte. Une rafale de mitraillette piaula aussitôt. Je me jetai par terre. Je m'approchai en rampant de la cloison de bois et collai un œil à la jointure approximative de deux lattes. J'apercevais la grande place en demi-cercle autour de laquelle les bâtiments se déployaient en éventail. A vingt mètres une rangée de soldats braquaient leurs armes vers nous. Je tournai la tête à droite, en direction de « Moscou » ainsi que nous surnommions le quartier russe du camp. Les S.S. vidaient les baraquements de tous leurs occupants et les conduisaient par paquets de cinq ou six cents au bord du lac. Là ils devaient, sous la menace, jeter à l'eau les corps du groupe précédent, puis les mitrailleuses des miradors entraient en action. Je les regardais mourir, me rappelant la tristesse nostalgique des chants de leur dernière nuit.

Nous attendions notre tour comme un troupeau résigné à l'abattoir que n'affolait même plus l'odeur du sang. La tuerie se poursuivit jusqu'au début de l'après-midi, et c'est seulement à ce moment que les gardes nous ordonnèrent de quitter les dortoirs. Ils formèrent plusieurs équipes de fossoyeurs qui agrandirent les tourbières à ciel ouvert et enfouirent des milliers de corps avant de les recouvrir de chaux vive.

Le vent nous apportait, par rafales, l'écho des combats qui faisaient rage sur les rives de l'Oder. Nous observions nos compagnons accomplir leur sinistre travail, assis sur la place centrale, sans comprendre le sens du répit qui nous était accordé. Quand ils eurent fini d'effacer les traces du massacre, les S.S. nous obligèrent à former une colonne sur la route qui menait au camp. Nous étions environ cinq mille, des Français en majorité mais il y avait également des Belges, des Hollandais, un contingent de Tchèques, quelques dizaines de Hongrois... Huit mois et demi que je n'avais pas franchi ce portail! Derrière nous les explosions se succédaient. Un coup de vent rabattit une épaisse fumée sur notre file. Je risquai un regard en arrière, bravant l'interdiction : le camp brûlait et les silhouettes des S.S. dansaient entre les baraquements en flammes sur lesquels ils continuaient de jeter des grenades incendiaires.

Je me trouvais dans le groupe de tête, avec Gruwez.

– Notre jour n'est pas encore arrivé. D'après ce que se disent les gardes, les Russes sont à moins de cinquante kilomètres d'ici... Ils comptent nous transférer au nord-ouest de Berlin, dans une zone à l'abri des combats.

Nous avions atteint le carrefour où le train de marchandises parti de Tourcoing s'était arrêté et la longue file d'hommes en haillons longea les rails, les pieds nus sur les pierres acérées du ballast.

– A quoi ça rime? Ils auraient dû nous mitrailler comme les soviets...

Gruwez tentait de marcher sur les extrémités des traverses qui dépassaient du rail mais un coup de crosse le rappela à l'ordre. Il vacilla et, chancelant, s'enfonça rapidement dans la profondeur du rang, vers l'arrière. Je me laissai dépasser pour le rejoindre et l'aidai à reprendre pied.

La voie ferrée contournait le lac. Une route importante coupait le paysage droit devant nous. Un interminable défilé de charrettes, d'automobiles, d'animaux et de familles en exode encombrait les deux voies de circulation. Les camions militaires qui montaient au front s'embourbaient sur les bas-côtés spongieux en essayant d'éviter le flot des réfugiés. Les mêmes images nous appartenaient.

De lourds nuages obscurcissaient le ciel et le soleil n'apparaissait plus que par instants. La plaine s'étendait à perte de vue, des terres de culture sombres, plantées d'arbres dépouillés. Nous avions laissé la route et traversé directement les champs. Ceux qui ne parvenaient pas à suivre, les vieux, les malades, les désespérés, étaient exécutés et leurs cadavres jalonnaient notre sillage. L'averse, violente et glacée, nous surprit à l'entrée d'un village, Löwendow. Ici les paysans n'avaient pas fui l'avance russe. Ils se hâtaient de rentrer leurs bêtes. Une jeune femme se tenait à la fenêtre de la ferme la plus proche, ses cheveux ramenés sur le haut de la tête, les bras écartés pour saisir les volets. Le souvenir de Marie me piqua les yeux tandis qu'elle posait sur moi un regard où la pitié le disputait au dégoût. Je baissai le regard, oubliant l'eau gelée qui coulait sur ma nuque, dans mon dos. Nous eûmes le droit de dormir, des kilomètres plus loin, au flanc d'une colline. Les S.S. s'installèrent au-dessus de nous, protégés par une toile de tente attachée à des piquets.

Au cours de la nuit quelques déportés tentèrent de s'enfuir, espérant franchir en rampant les deux cents mètres à découvert qui nous séparaient d'un bois minuscule. J'étais exténué à un tel point que les tirs de mitraillette qui les clouaient au sol ne me réveillaient qu'à peine.

Au matin, il fallut se satisfaire d'un peu d'eau bue

à même la rivière. La marche aveugle reprit jusqu'au soir. Gruwez avait disparu. Peut-être se trouvait-il plus loin dans la colonne ? Je n'eus pas la force de plonger vers l'arrière, parmi les attardés promis à la mort. Nous atteignîmes au but le troisième jour. D'immenses hangars métalliques se succédaient dans une prairie. Les Allemands nous répartirent par groupes de trois cents et leur affectèrent chacun un hangar. Des gens en blouses blanches qui se comportaient comme des médecins, des infirmiers, nous firent déshabiller et nous lavèrent au jet près du poste d'eau dont chaque construction était équipée, avant de nous remettre des sortes de pyjamas gris coupés dans une toile rêche. Peu après on nous servit une soupe chaude aux haricots à la surface de laquelle la graisse traçait des yeux.

Rigobert, un taxi parisien qui s'était fait prendre pour une histoire de faux coupons, mangeait à mes côtés.

– Je crois qu'on tient le bon bout... Ils sentent qu'ils l'ont dans le cul, bien profond... Ils vont nous remettre en état pour qu'on nous traite de menteurs quand on racontera le calvaire qu'ils nous ont fait subir...

Je léchai mon écuelle afin de ne rien perdre du bouillon.

– D'après toi, ils en ont flingué combien sur la route ?

Il haussa les épaules et bafouilla.

– Je ne sais pas... Deux cents, trois cents... Peut-être plus...

– C'est pourtant facile de faire les comptes. Ils

ont rempli douze hangars de trois cents... Trois mille six cents bonshommes alors qu'au camp nous étions cinq mille en dehors des Russes... On a laissé mille quatre cents copains de Schorfheide jusqu'ici... Ceux-là, ils ne les remettront pas en état ! Ce que tu dis, ça n'existe pas dans leur tête... Prends ce qu'ils te donnent, mais n'attends rien d'eux.

Après manger, on nous fit placer en rangs par deux dans les travées, entre les lits superposés. Les infirmiers avançaient en groupe, poussant chacun une table roulante à deux étages remplis de tubes et d'instruments qui cliquetaient et vibraient sur le sol imparfait. Les prisonniers tendaient le bras à tour de rôle et l'un des infirmiers prélevait quelques centilitres de sang, à la seringue. Il la vidait d'une pression du pouce sur la pompe dans une petite bouteille en verre sur laquelle son aide inscrivait le numéro tatoué sur l'avant-bras du déporté.

La journée du lendemain fut marquée par d'autres événements incroyables : midi et soir nous eûmes droit à la même soupe que la veille. Ce n'est que le surlendemain que les choses se précisèrent. De très bonne heure les S.S. firent irruption dans les immenses dortoirs d'où ils nous chassèrent au pas de charge. Chaque groupe forma bientôt une masse compacte devant l'entrée de son hangar. Les infirmiers nous appelèrent par notre numéro et nous affectèrent à de nouveaux groupes après avoir consulté leurs registres.

Un déporté muni d'un seau de peinture et d'un gros pinceau rond traçait d'énormes lettres blanches sur les portes en tôle ondulée. Une série de six « A », un « B », un « AB », et il termina par une série de six « O ». On m'affecta au troisième « A » sans que je comprenne pourquoi. A midi la soupe se fit attendre. L'équipe médicale installa près du point d'eau une dizaine de chaises, des petites tables et des caisses de bouteilles de verre.

Un Hongrois qui occupait le châlit supérieur me tapa sur l'épaule alors que je m'étais assis sur la traverse. Il parlait en juxtaposant les quelques mots français qu'il avait appris en nous écoutant.

– Tu compris?

– J'ai l'impression qu'on repart pour une deuxième prise de sang... C'est bien qu'ils s'inquiètent de notre santé mais s'ils oublient la bouffe, les résultats seront mauvais...

– Tu trop vite parler...

En face, il y avait un type qui consacrait sa vie à son lorgnon. Il avait réussi à le conserver au travers de toutes les fouilles. Le seul témoignage d'une vie précédente... Il le planquait à longueur de journée dans sa bouche, sous sa langue... Il le coinçait dans son orbite droite quand il se sentait en sécurité. On l'avait affublé d'un sobriquet, « Professeur Lorgnon »... Je me levai, m'approchai de lui.

– Tu comprends quelque chose à leur manège?

Il me prit les mains.

– Oui, malheureusement. Je préférerais me tromper, mais il y a peu de chance... 40 % de A, 40 % de O, 10 % de B, 10 % de AB... Tu t'y connais un peu en médecine?

– Je travaillais sur machine, chez Usiméca... Ce n'est pas spécialement ce qu'ils nous demandent pour sortir les pièces... Ça correspond à quoi tes pourcentages?

Il me fixa plusieurs secondes en silence puis laissa tomber.

– Aux groupes sanguins. La prise de sang d'avant-hier avait pour but de déterminer le groupe de chacun, de nous trier. Regarde la taille des bouteilles... Elles font un demi-litre et chaque bonhomme a la sienne... Ils vont nous traire comme des vaches... et après nous aurons droit à notre bol de soupe! Nous sommes devenus des animaux extraordinaires qui transforment le bouillon en sang...

Mes doigts se crispèrent sur ses maigres bras.

– Un demi-litre! C'est énorme, ils vont nous faire crever, nous vider... A quoi ça leur sert... Autant nous tirer comme les Russes...

– Pour un homme en bonne santé, ce n'est pas grand-chose mais pour des cadavres ambulants!...

Il promena son regard sur les grabats.

– Deux, trois ponctions de ce calibre, et il n'en restera pas plus de la moitié...

– Mais pourquoi font-ils ça?

– Rappelle-toi la canonnade qui nous arrivait, à Schorfheide... Des millions de soldats doivent s'affronter dans cette bataille... Cela signifie des centaines de milliers de morts, de blessés... Ils vont avoir besoin de milliers de litres de sang, du A, du B, du O, du AB... Dans les marais de Schorfheide nous étions des bêtes de somme, les esclaves de la tourbe... Ici nous ne sommes plus que des réservoirs!

Un régiment mongol, on les prit tout d'abord pour des Chinois, nous libéra le 29 avril 1945. Nous étions moins de quinze cents survivants. Je pesais trente-quatre kilos.

Chapitre 7

Je prends le magnétophone et en vérifie le fonctionnement pour me donner une contenance. Jean Ricouart a planté ses coudes sur la table et se tient la tête dans les mains.

— Voilà. Ma résistance a pris fin ce jour-là. C'est tout ce que vous vouliez savoir?

Il affecte d'adopter un ton détaché.

— Oui, je ne m'attendais pas à ça... Je suis bouleversé...

J'ai envie de prolonger l'entretien, de profiter de la confiance qu'il me témoigne quand sa femme est absente. Je pourrais, si je trouve assez de courage, lui parler de son fils, Lucien Ricouart, de la grande grève des mineurs de mars 1963, mais j'ai peur de le braquer, de rompre le fil des confidences.

— Qu'est devenu Gruwez? Vous l'avez revu?

— Non, jamais... Il a sa rue, à Carvin... A un moment, même les plus forts acccptaient l'idée de la mort... Et ils y passaient dans la journée... Je crois qu'il s'est laissé glisser en queue quand nous marchions vers « l'hôpital » de Reiterberg. Il n'y croyait plus ou alors les raisons qui le faisaient vivre lui sont apparues moins importantes, accessoires... En prison, on connaît son avenir, son temps d'incarcération, on s'organise en humain retranché du monde ordinaire. A Schorfheide, à Reiterberg, le temps était aboli, la frontière entre le bien et le mal effacée... On ne connaissait plus que la souffrance du corps, l'avilissement. Là-bas, il n'y avait pas de miroirs. On ne se voyait jamais. On en arrivait à fuir les mares d'eau pour éviter de rencontrer notre reflet. Si je m'étais vu une seule fois dans une glace, je ne serais sûrement pas ici à discuter de tout ça... ma vie tient peut-être à un reflet dans une vitre...

Le jour commence à décliner. Il allume une petite lampe d'appoint. La lumière, adoucie par l'abat-jour, fait briller ses yeux.

– Ils m'envoient une pension, tous les trimestres, et ils croient qu'ils sont quittes! Comme si on pouvait rembourser l'horreur à crédit...

– Les Russes vous ont rapatrié dès la fin de la guerre, en mai 45?

– Non, ils renvoyaient uniquement ceux qui tenaient debout, qui pouvaient supporter le voyage. J'étais à deux doigts de la mort. Tuberculose. Ils m'ont d'abord soigné sur place, dans un hôpital militaire de campagne puis ils m'ont transféré à l'arrière, en Ukraine. Dès que j'ai eu assez de force, ils m'ont opéré du poumon gauche. J'étais sur pied en février 46. Je suis rentré dans les tout derniers. Aucune de mes lettres n'était parvenue à destination... A Cauchel, tout le monde me croyait mort : j'ai même eu mon nom sur le monument, en face de la Caisse d'épargne, pendant au moins un an! Mon père a dû s'engueuler avec le maire pour le faire effacer. Je suis descendu du train à Lille puis un car m'a déposé sur la place du Marché, en fin de matinée. Les gens faisaient la queue devant le boulanger, devant le charcutier en tapant le pied dans la neige. J'étais habillé comme un paysan ukrainien, un pantalon large pris en bas dans de grosses chaussettes, une chemise ample sous une grossière veste en peau de mouton. La bride d'une musette me barrait la poitrine. Un morceau de viande séchée, une gamelle, un quart et des couverts en fer-blanc, et un foulard noir, une pointe brodée de fleurs jaunes et rouges que je destinais à Marie. J'allai directement chez les Tourbier, cité Saint-Gilles. Le père de Marie n'avait pas changé, toujours aussi joufflu... Il m'ouvrit en mastiquant et une odeur de poulet rôti me creusa l'estomac. Il se tenait immobile, à part le mouvement des mâchoires, la main posée sur la poignée, les yeux ronds, se demandant ce que pouvait bien signifier la présence d'un épouvantail soviétique sur son paillasson. Il me dévisagea. Ses traits s'affaissèrent. Il respira profondément.

– Mon Dieu, c'est pas possible! C'est toi, Jean?

J'eus soudain envie de pleurer et ne trouvai que la force de remuer la tête. Je tombai dans ses bras en reniflant. Il me tapota le dos, embarrassé.

– Rentre, ne reste pas dehors... On désespérait de te revoir un jour...

Sa femme s'essuya les mains à son tablier. Elle m'embrassa en faisant claquer ses baisers contre mes joues.

– Tes parents ont dû vivre le plus beau jour de leur vie.

Je m'assis à la table, les jambes coupées par l'émotion.

– Ils ne le savent pas encore... Je suis venu en premier chez vous, pour offrir cela à Marie.

Je soulevai le rabat de la musette et dépliai le foulard ukrainien. Ils se regardèrent en silence. Un doute me traversa l'esprit.

– Il ne lui est pas arrivé malheur au moins?

La mère s'agenouilla devant moi et posa ses mains à plat sur mes genoux.

– Non, nous n'avons jamais été inquiétés... Il faut que tu comprennes, Jean... Elle t'a longtemps attendu puis comme tout le monde ici, comme tes propres parents, elle a cru que tu ne reviendrais plus... Rien, pas même une lettre... Il ne faut pas lui en vouloir. C'est une femme maintenant...

Je serrai le poing, froissant le foulard. Je le jetai sur la table, près du plat fumant.

– Elle n'habite plus ici?

Tourbier me servit un verre de vin que j'avalai d'un trait.

– Non, elle est à Lille, dans le quartier de Fives...

Sa femme lui lança un regard de reproche pour lui signifier qu'il parlait trop.

– Elle s'est mariée, c'est ça? Pourquoi ne le dites-vous pas!

Il remplit mon verre une seconde fois.

– La vie n'a fait de cadeaux à personne ces derniers temps... Elle s'est mise en ménage avec un gars qu'on ne connaît même pas... Elle étouffait ici, depuis ton départ...

Je les quittai sans prononcer le moindre mot et supportai les effusions familiales. Je m'enfermai dans ma chambre de la cité du Point-du-Jour d'où j'étais parti près de deux ans auparavant, après l'exécution du soldat allemand par Moktar derrière l'église Saint-Éloi. La torchère de l'usine à gaz faisait danser les ombres sur les murs, au travers des volets fermés. Je dormis comme une masse, pour la première fois depuis très longtemps, sans rêves, sans cauchemars, comme si je voulais échapper à moi-même.

La direction d'Usiméca me réembaucha dès le lendemain. Je retrouvai Soudan. Il m'expliqua qu'il avait fait partie pendant quelques mois du comité local de Libération, presque maire, avant que les notables ne reprennent le dessus. Il me parla de Tailiez, un ajusteur de l'atelier 2 que la Gestapo avait surpris alors qu'il sabotait une écluse du canal de Neuffossé, aux Fontinettes, de Roudet un apprenti comme moi qui avait attaqué seul une patrouille allemande à la grenade... Dix autres encore... J'étais un héros parmi d'autres. On me fit passer « ouvrier professionnel ». On me confia la responsabilité d'une rectifieuse à bout de souffle qui demandait à être réglée toutes les demi-heures. Par chance, il fallait reconstruire le pays : je m'abrutissais de travail, allant au-devant des heures supplémentaires. Je traversai les six mois suivants à la manière d'un somnambule, incapable de situer le jour dans la semaine, la semaine dans le mois, indifférent au temps qu'il faisait, aux saisons.

Au début, les copains faisaient un crochet par la maison, le samedi soir ou le dimanche. Ils tentaient de me traîner au bal ou au Francia, au Kursaal, pour voir un western, un policier... Je n'avais goût à rien. Ils se découragèrent, se sentant incapables de comprendre ce qui agitait les pensées d'un ancien déporté de dix-neuf ans.

Il m'arrivait de rôder aux abords de la cité Saint-Gilles. Je pris deux fois le car pour Lille au cours de cette période. J'arpentai les rues du quartier de Fives, passant des heures dans les cafés à observer les consommateurs, sortant comme un diable de sa boîte quand je croyais la reconnaître. Les gens me regardaient à la dérobée en se parlant bas. J'étais maigre, j'avais le teint gris et la fièvre brûlait souvent dans mes yeux.

A l'automne je rechutai. On m'hospitalisa à l'hôpital Saint-Louis de Saint-Omer. Elle vint me visiter quelques jours avant Noël. On me ramenait sur une civière après un examen radiologique de contrôle, nu sous le drap râpeux. Allongé, je reconnus le fichu coloré qui traçait une pointe sur le dos du manteau d'une jeune femme aux longs cheveux blonds. Je me soulevai sur les coudes, la tête renversée en arrière, pour demander à l'infirmière de stopper mais nous la dépassâmes sans que je parvienne à saisir les traits de son visage. Une minute plus tard je la vis pénétrer dans la salle commune et scruter les lits un à un tandis que l'infirmière m'installait sur ma couche. Je n'osai pas un geste, attendant de lire sa réaction quand elle me découvrirait. Ses yeux s'agrandirent, elle respira profondément puis se mit à courir vers moi en pleurant.

Elle me serra dans ses bras, au travers du drap, m'embrassant, me mouillant de ses larmes.

– Pardonne-moi, mon amour... Pardonne-moi... Je ne savais plus comment faire...

Je caressai ses cheveux, frottant ma joue contre son front.

– Pourquoi as-tu attendu si longtemps? Je croyais devenir fou... Là-bas je ne vivais que par toi... J'en ai pris l'habitude...

Sa main, froide du dehors, trouva ma poitrine.

– Quand tu es parti de chez nous, mes parents sont devenus impossibles. Je ne pouvais plus faire un geste... Ils me surveillaient nuit et jour. Je ne suis restée à Cauchel que dans l'espoir de ton retour. J'ai attendu, tu sais... Jusqu'en octobre 45... On disait qu'ils t'avaient tué... J'ai quitté la maison et je ne suis revenue qu'hier pour la première fois... Je travaille à Lille... Ma mère m'a donné ton foulard...

Je me perdis dans ses cheveux, me grisant de l'odeur de sa peau.

– Je t'aime, Marie.

Elle eut un frisson. Ses doigts se contractèrent, je sentis la pression de ses ongles sur ma poitrine. Elle respirait rapidement.

– Je t'aime aussi, Jean... J'ai besoin de toi...

Je vis soudain que nous étions le point de mire de toute la salle, les autres malades nous regardaient, attendris, envieux. Elle m'aida à me lever et nous nous dirigeâmes vers le couloir de promenade dont les fenêtres surplombaient la rue du Saint-Sépulcre. Le vent éparpillait de minuscules flocons de neige.

Je sortis de l'hôpital Saint-Louis deux mois plus tard. Nous nous installâmes dans ma chambre, au Point-du-Jour. Nous faisions l'amour dans la pénombre, retenant nos jeux, nos rires, nos cris de plaisir, baissant les yeux, le matin, devant mes parents à la table du petit déjeuner.

Un jour de juin je rencontrai Lenglart, le facteur, qui faisait sa tournée de l'après-midi. Nous ne nous étions revus qu'une fois ou deux depuis mon retour alors que je vivais replié sur moi-même. Il appuya son vélo contre un mur et abaissa la visière de sa casquette sur ses yeux.

— Alors, ça va la vie ?
— Oui, c'est pas trop tôt...

Je lui adressai un clin d'œil en désignant sa sacoche.

— Vous les passez toujours à la vapeur ?

Il fit semblant de s'offusquer.

— Pour qui me prends-tu !

Il se mit à rire.

— A la Libération ils se sont dénoncés entre eux... Maintenant que ça recommence à aller mal, ils reprennent du poil de la bête... Tu habites toujours aux gazomètres ?

Je me renfrognai.

— Hélas, oui. Avec Marie, on cherche à s'en aller mais on ne trouve pas grand-chose. Les « Usiméca » n'ont pas droit aux cités des Houillères.

Lenglart se pencha à mon oreille et me parla d'une voix étouffée bien que le plus proche passant fût à au moins dix mètres.

— J'ai deux vieux sur ma tournée... Ils ont une grande maison en retrait de la route de Guitignies... Leurs enfants sont installés et ils accepteraient certainement de louer deux ou trois pièces à l'étage. Si cela t'intéresse, je m'en occupe.

Le mariage eut lieu en août 1947, en plein air, dans le jardin du pavillon des Cleenwerck, le vieux couple avec lequel nous avions pu nous entendre. J'avais consacré tout mon temps libre des quinze jours précédents à écumer les fermes des alentours pour composer un menu honorable, négociant un canard contre un bon d'essence, des haricots verts contre des tickets de vêtements... La veille de la cérémonie, la ration de pain quotidienne chuta à 220 grammes par personne.

Nos deux familles, qui jusque-là se regardaient en chiens de faïence, trouvèrent un terrain d'entente. Mon père qui tenait Tourbier pour un traître depuis qu'il avait quitté la C.G.T. avant guerre, et que ses états de service au cours de la Résistance n'avaient pas réussi à faire fléchir, attendit le mousseux pour capituler. Lenglart, un peu parti, invita Marie à danser. Soudan était là, avec sa femme et ses deux gosses, ainsi que Raymond Schots que nous surnommions toujours Couture. Et d'autres amis, d'autres membres du groupe F.T.P. que j'avais croisés à un moment ou à un autre : Debove, Crutel, Payen, Brebion... Le capitaine Camblain m'avait envoyé un mot :

Cher camarade et ami

Je ne peux malheureusement pas être présent à ton mariage. Crois bien que si la tâche n'était pas aussi lourde, je me serais libéré. Je te souhaite tout le bonheur possible dans une France libre et heureuse pour laquelle nous continuons à nous battre.

Capitaine Camblain.

Au cours de la nuit, nus dans nos draps, la fenêtre ouverte sur le ciel, nous guettions les étoiles filantes et formions les vœux les plus fous dès qu'un trait lumineux rayait l'univers. Soudain une étoile traversa la Grande Ourse.

— A ton tour !

Je me retournai et plaçai ma jambe entre les siennes.

— Je ne veux pas connaître d'autre femme que toi...

Elle appuya fortement sa tête dans mon cou puis en pleurant me parla sur le ton des aveux de ce garçon de Lille avec lequel elle avait cru pouvoir m'oublier.

En octobre, le rationnement s'accentua encore. La viande, le sucre, l'huile, le pain, le tabac, tout se vendait au compte-gouttes, par tickets. Les mêmes qui amassaient des fortunes deux, trois ans auparavant en organisant le marché noir, se laissaient aller à leurs penchants naturels.

Des grèves éclataient un peu partout, pour dix, quinze centimes d'augmentation l'heure. Chez Usiméca ce fut une affichette placardée dans les vestiaires qui déclencha la bagarre. Une vieille affiche du 1er-Mai 46 au verso de laquelle on avait écrit un court texte au pinceau :

Dieu observa le travail des hommes et se félicita de tant d'ingéniosité.
Puis il regarda leurs fiches de salaire, se retourna et se mit à pleurer.

Un contremaître qui doublait Viandier, jugé trop proche des ouvriers, arracha la feuille alors que les gars de l'équipe de Soudan rangeaient leurs bleus. Le silence se fit immédiatement. Soudan s'approcha du petit chef, le saisit par le revers de sa blouse et l'obligea à se baisser.

— A l'atelier, tu fais ce que tu veux, mais ici on est chez nous... Alors tu ramasses les morceaux et tu recolles... D'accord ?

Le contremaître tenta de se dégager mais la poigne de Soudan se resserra sur le tissu. Il finit par se résigner à poser un genou à terre, rassembla les parties de l'affiche et les remit à Soudan qui le laissa filer.

Le lendemain matin, mon ancien compagnon se voyait sanctionné : quinze jours de mise à pied pour indiscipline. A midi, toute l'usine était en grève. Les deux cent cinquante prisonniers de la Wehrmacht que la direction utilisait aux postes les plus pénibles se joignirent à nous et défilèrent sous nos banderoles, reprenant nos slogans en allemand.

Le mouvement s'éternisa tout un mois. Les mineurs, les électriciens, les gars des transports, étaient entrés dans la partie... Partout, on reprit le travail la tête basse, sans rien obtenir. Fin novembre, la mise à pied de Soudan fut transformée en licenciement pur et simple. Une dizaine d'autres responsables subirent le même sort. Les vieux évoquaient les années 33 et 34 en hochant la tête, quand les Houillères faisaient la loi et obligeaient les mineurs récalcitrants, les « grandes gueules noires », à s'expatrier s'ils voulaient retrouver du travail.

Je ne dus qu'à ma santé précaire, qui m'interdisait de me porter au-devant des cortèges, de ne pas faire partie du lot. Pourtant un soir en rentrant je trouvai les gendarmes sur le pas de la porte, en discussion avec le père Cleenwerck. Il me fit signe d'approcher.

— C'est pour vous, monsieur Ricouart...
— Marie n'est pas là?
— Non, elle est allée voir le docteur. Ma femme l'a accompagnée...

Je ne connaissais pas ces deux gendarmes. Après la guerre, le ministère avait fait valser les affectations. Ceux qui s'étaient compromis avec l'occupant dans l'arrondissement d'Arras avaient été mutés dans celui de Béthune, et les chasseurs de « terroristes » de la région de Montreuil-sur-Mer maintenaient aujourd'hui l'ordre autour de Boulogne. Un troisième gendarme attendait ses collègues au volant d'une traction, sur le petit chemin qui menait à la route.

— Vous êtes Jean Ricouart?

Il avait un visage très large, des yeux ronds, encaissés, des joues rebondies et parlait en postillonnant.

— Oui, c'est moi. Qu'est-ce que vous me voulez?

Je ne leur proposai pas d'entrer. Cleenwerck s'éloigna.

— Vous êtes convoqué devant le juge d'instruction, M. Tirlemont, à Saint-Omer, dans deux jours. Soyez-y...

Il me remit une lettre-formulaire, un papier gris-bleu.

— En quel honneur... Je n'ai rien à voir avec la justice!

Le second gendarme, un type à l'allure sportive, un peu hautain, me répondit en détachant chaque mot comme s'il s'adressait à un simple d'esprit.

— Vous devez être entendu dans l'affaire Hénin-Schots... Ces deux noms vous rappellent sûrement quelque chose...

Je fourrai la convocation dans ma poche de veste. Ils s'installèrent tous deux à l'arrière de la traction qui s'engagea sur la route dans un nuage de fumée blanche. Je filai directement chez Soudan. Quand j'arrivai près de sa maison, au fin fond de la cité des Fleurs, la traction quittait son stationnement.

Chapitre 8

J'avais connu la Milice, la Gestapo, les S.S., mais c'était la première fois que je me trouvais face à la justice ordinaire et démocratique. Le juge d'instruction Tirlemont était tassé sur son siège derrière un bureau envahi de dossiers et de paperasse. Des languettes de bristol coloré qui servaient de repères dépassaient sur les côtés d'énormes piles dactylographiées ou manuscrites. Il n'ouvrait pratiquement pas les yeux, regardant le monde au travers de la mince fente qui séparait ses paupières plissées. Dans son cou, la peau faisait des vagues qui moutonnaient sur le col étroit de sa chemise. Des bagues comprimaient la chair de trois de ses doigts de la main droite. Soudan m'attendait dans l'arrière-salle du café qui faisait le coin de la rue Sainte-Aldegonde. Il n'était convoqué qu'à cinq heures et j'espérais pouvoir lui raconter de quoi il retournait.

Le juge me fit tout d'abord réciter mon état civil, comme s'il l'ignorait, alors que ma vie entière devait être consignée dans l'un de ses dossiers! Oui, je m'appelais bien Ricouart, Jean, né le 5 juin 1927 à

Cauchel, Pas-de-Calais, marié le 13 août 1947 à Marie née Tourbier, sans enfant...

Leur système n'était pas encore assez perfectionné pour connaître la nouvelle que Marie m'avait confiée après avoir vu le docteur : elle était enceinte...

Le juge Tirlemont se redressa.

– Pourquoi riez-vous ?

– Pour rien. Excusez-moi.

Il tira vers lui une chemise cartonnée, l'ouvrit cérémonieusement et compulsa en silence les pièces qu'elle renfermait.

– Vous avez déjà rencontré Rodolphe Hénin ?

– Rodolphe Hénin ? Non, je n'ai jamais entendu ce nom...

Son sourire ajouta quelques rides sur son visage.

– Peut-être se faisait-il appeler Camblain, capitaine Camblain au moment où vous entreteniez des relations...

– J'ignorais son véritable nom : à cette époque, monsieur le Juge, moins on en savait et moins on en disait... Je n'ai rencontré le capitaine Camblain qu'une seule fois, à Saint-Omer, en juillet 1944.

– C'est ce que je voulais vous entendre dire... En juillet 1944, pour l'assassinat des Lebreucq père et fils... Nous y reviendrons.

Le mot « assassinat » me heurta. J'eus envie de réagir mais le juge ne m'en laissa pas le temps. De toute façon, c'est ainsi que j'avais vécu cette nuit d'horreur même si, depuis, la vie s'était chargée de m'en proposer d'autres.

– Et Raymond Schots ? Vous vous en souvenez de celui-là ? Il se faisait appeler Couture...

– Pourquoi me posez-vous des questions dont

vous détenez déjà les réponses! J'ai participé à une opération avec lui, également à Saint-Omer, fin juin de la même année... Le capitaine nous avait donné l'ordre de saisir du matériel de ravitaillement dans une imprimerie de la rue des Chats. J'ai revu Couture il y a quelques mois, à mon mariage. Je ne l'avais pas invité, il a dû l'apprendre par hasard...

Le juge se montra intéressé.

– Vous ne l'aviez pas invité?

– Non... S'il fallait inviter tous les gens que vous avez rencontrés dans votre vie, ce ne serait plus un mariage mais un défilé...

Le téléphone, un vieil appareil en bakélite noire posé sur un socle en bois verni, sonna. Il écouta en hochant la tête et raccrocha après avoir dit «Faites-le patienter». Il me toisa.

– Raymond Schots compte plus que cela, tout de même... Cette opération de la rue des Chats s'est soldée par la mort de l'imprimeur Fernagut. Nous parlons bien de la même chose?

Je me levai et m'appuyai sur le bord du bureau.

– Je ne sais pas de quoi nous parlons, monsieur le Juge! Depuis le début vous tournez autour du pot... S'il y a une affaire Hénin-Schots, comme c'est marqué sur ma convocation, je voudrais bien savoir en quoi elle consiste. Et apprendre ensuite en quoi elle me concerne! J'ai fait partie des F.T.P. pendant deux mois entre mai et juillet 44. J'ai participé à trois opérations importantes: la saisie de tickets à l'imprimerie Fernagut, l'exécution des légionnaires Lebreucq et celle d'un soldat allemand à Cauchel avec Moktar Ketoub... Ça m'a valu un an de camp de concentration... Ce n'est pas maintenant que vous allez me le reprocher?

Il se cala contre le dossier de son fauteuil et croisa ses mains sur son ventre.

– Qui vous en a donné l'ordre ?

– Le capitaine Camblain, évidemment...

– D'où teniez-vous qu'il était capitaine ? Avez-vous eu l'occasion de le vérifier, à un moment ou à un autre ?

Je soufflai, découragé.

– Dois-je vous rappeler que nous étions en guerre ? Les directives transitaient par divers canaux et en bout de chaîne nous n'avions ni le temps ni les moyens de vérifier... Nous obéissions, quoi qu'il en coûte.

Il se leva à son tour et se planta à ma droite. Il n'était pas beaucoup plus grand que moi mais pesait au moins le double. Son ventre était tellement ballonné que son nombril devait regarder le plafond. Il s'humecta les lèvres, gourmand, sûr de son effet.

– Quoi qu'il en coûte... Vraiment... Au point d'assassiner un innocent ?

Je me laissai retomber sur la chaise.

– Un innocent ! Expliquez-vous...

Il changea d'expression.

– Jean Ricouart, je vous inculpe de complicité dans le meurtre de François Fernagut, imprimeur, commis en juin 1944 à Saint-Omer par Raymond Schots dit Couture, obéissant en cela aux ordres de Rodolphe Hénin dit capitaine Camblain et j'ordonne votre incarcération à dater de ce jour.

- Vous êtes devenu fou !

Il serra les poings.

– A votre place je me dispenserais de ce type de réflexions. Vous n'en avez plus les moyens.

Le juge Tirlemont sonna les gendarmes qui me passèrent les menottes et me traînèrent dans le couloir. Soudan attendait son tour, assis sur le banc qui courait tout le long du mur. Il avait vraisemblablement quitté le café de la rue Sainte-Aldegonde de peur d'être en retard. Ses yeux fixèrent les menottes qui entravaient mes poignets.

– Qu'est-ce qu'il se passe, Jeannot ? Ils t'embarquent ?

Je me débattis pour tenter d'échapper à mes gardiens, m'affalant sur le parquet. Soudan se précipita, me releva. Je hurlais.

– Ils m'accusent de meurtre avec Couture et Camblain... Préviens Marie... Dis-lui qu'ils ne m'auront pas...

L'un des gendarmes se plaça devant moi. Son genou me frappa violemment l'entrejambe. Je m'effondrai, le souffle coupé et ils me poussèrent dehors. Une grosse Hotchkiss attendait, garée dans la cour pavée du palais de justice. Allongé sur la banquette arrière, j'aperçus le soleil éclairant le monde, sculpté sur le fronton.

Les amortisseurs, fatigués, rebondissaient sur les nids-de-poule. Le conducteur dut grimper sur le trottoir, rue de Valbelle, à cause d'une série d'échafaudages qui empiétaient sur la chaussée. On abattait les ruines des maisons touchées par le bombardement de 43. Je reconnus l'hôpital Saint-Louis au passage, et l'église du Saint-Sépulcre, les bâtiments où Marie m'avait retrouvé.

Nous n'allions pas beaucoup plus loin : la prison occupait un édifice en forme de U dont les façades donnaient sur trois rues. Le gardien-chef, Planquette, et sa femme qu'on devait appeler « madame la Surveillante », régnaient sur une dizaine de matons apeurés qui se vengeaient sur les détenus des humiliations que leur faisait subir leur supérieur. Réveils en milieu de nuit, fouilles systématiques, suppression des promenades, colis éventrés... Je croisai Camblain une semaine après mon incarcération. Il avait pris un sacré coup de vieux et marchait lentement, les épaules voûtées. Une large cicatrice, une balle allemande lors de la libération de Lille m'expliqua-t-il, lui fermait à moitié l'œil gauche.

Il ne fallait pas s'arrêter, aller d'un mur à l'autre, les mains derrière le dos, la tête baissée. J'essayais de ne pas trop remuer les lèvres, évitant le regard des matons.

– Pourquoi sommes-nous là, capitaine... Nous n'avons fait que notre devoir...

– Ils ont eu trop peur... Aujourd'hui ils pensent avoir les moyens de se venger de leur trouille... Je suis accusé d'avoir commandité le meurtre de Fernagut et d'avoir assassiné Lebreucq...

– Le père ou le fils ?

Camblain me bouscula de l'épaule.

– Le fils était tout de même trop voyant dans son uniforme de légionnaire ! Ils ne sont pas idiots à ce point : ils me collent l'assassinat du vieux sur le dos...

Il bruinait. Je relevai le col de ma veste et le pinçai pour me protéger le cou.

– Logiquement, ce devrait être à la justice militaire d'instruire cette affaire... On a reconnu notre qualité de soldats.

Le capitaine s'arrêta quelques secondes près du mur d'enceinte afin de reprendre son souffle. Dans la rue, un marchand ambulant passait en criant.

— Peaux d' lapin... Peaux d' lapin... On vend, on vend, on vend...

— Oui, mais, au moment des faits, le rattachement des F.T.P. aux Forces françaises de l'intérieur n'avait pas encore été décidé. La justice militaire a pris ce prétexte pour s'en laver les mains... Résultat nous allons être jugés par la cour d'assises... Un jury populaire... A Lille ou à Douai nous nous en sortirions avec les honneurs. Ici, chez les chouans du Nord, nous risquons d'en prendre pour cinq ou dix ans. Tu es communiste?

Je levai la tête vers lui.

— Non. Je suis entré dans les F.T.P. grâce à Soudan... Pourquoi?

— Le parti a délégué un avocat parisien pour assurer ma défense. Tu as quelqu'un?

— Non. Tout me tombe sur le crâne en même temps... Le juge m'a parlé d'un avocat commis d'office, il habite rue Wissocq...

— Réserve ta réponse, Jeannot. J'en toucherai deux mots à M⁰ Duthois. Le parti fera connaître sa décision. Tu as vu du monde dans la prison?

Une bourrasque de vent obligea le maton à se mettre à l'abri, dans le coin de la cour.

— Non, je n'ai pas droit aux visites. Ma femme s'est fait refouler.

Camblain s'impatienta.

— Je voulais dire : d'autres camarades prisonniers.

— Ils ont piqué Soudan, Debove et Crutel... D'autres peut-être que je ne connais pas... Par contre, impossible de repérer Couture... Ils l'ont sûrement bouclé dans une autre prison.

Le gardien nous fit signe. La promenade était terminée. Camblain eut le temps de m'apprendre, et ce fut le seul moment où je le sentis détendu, que Couture ne dormait pas derrière les barreaux, qu'il avait réussi à leur glisser entre les doigts.

Deux semaines plus tard, le rapide Paris-Tourcoing déraillait près d'Arras. Seize morts, trente blessés graves. La commission d'enquête découvrit qu'il s'agissait d'un sabotage : les rails avaient été déboulonnés sur une centaine de mètres. L'émotion fut considérable dans tout le pays. Personne n'osa revendiquer cette action, mais l'ensemble de la presse accusa plus ou moins ouvertement d'anciens résistants impliqués dans une nébuleuse tentative de soulèvement communiste. En quelques jours, les dernières grèves s'effondrèrent, la C.G.T. se brisa en deux avec la création de Force ouvrière et le terme de guerre froide se multiplia dans les journaux.

Je retrouvai plusieurs fois Camblain lors des promenades : il n'évoqua plus jamais cette proposition qu'il m'avait faite de me mettre en relation avec un avocat du parti. Me Duthois avait regagné Paris, confiant le dossier à un assistant du barreau de Lille. Je remis mon sort entre les mains d'un tout jeune avocat de Saint-Omer, Alain Valton. Il était tout excité à l'idée de plaider aux assises après deux années passées à roder son éloquence sous les lambris de la chambre correctionnelle. Quelquefois, il accompagnait Marie jusqu'au parloir. Il engageait la conversation avec la mère Planquette, histoire de nous faire gagner trois ou quatre précieuses minutes d'intimité grillagée. Le ventre de Marie s'arrondissait, ses seins s'alourdissaient. Elle me parlait d'elle en parlant de lui.

– Il s'impatiente... Il est tout petit mais il a envie de te défendre, de te voir libre... De sentir tes mains dans ses cheveux...

J'attendais ces rencontres en comptant les heures, les minutes qui m'en séparaient, sachant pourtant qu'elles me laissaient sans force, au bord du désespoir. Ma place était auprès d'elle et du gamin qui allait naître dans ce monde qui m'avait fait payer l'entrée au prix maximum. Je demeurais immobile, des journées entières, les yeux fixés sur le plafond. A aucun moment de ma vie, la sensation de gâchis n'avait été aussi forte.

Le procès s'ouvrit en avril. Un fourgon vint nous prendre à la prison et l'on nous fit asseoir sur les banquettes qui se faisaient face, chaque prévenu encadré par deux gendarmes. Nos vêtements fripés qui avaient pris la poussière du vestiaire accentuaient l'impression de bêtes traquées qu'imprimaient sur nos visages, nos corps, ces cinq mois de cellule. C'est à peine si nous nous regardions. Un clin d'œil, un hochement de la tête... La salle d'audience était comble. Marie, mes parents, les siens, tous habillés en dimanche, se tenaient groupés à l'avant-dernier rang. Je reconnus quelques amis d'Usiméca, des compagnons de Soudan. Mon avocat était assis devant moi, en contrebas. Il se retournait de temps en temps comme pour s'assurer de ma présence.

Le président Laulnay procéda à l'interrogatoire d'identité puis il passa la parole au greffier pour la lecture de l'arrêt de renvoi et de l'acte d'accusation.

Rodolphe Hénin dit Camblain se voyait accusé d'association de malfaiteurs, d'assassinats, de complicité d'assassinat, de même que Raymond Schots dit Couture, jugé par contumace. Contre Debove, Crutel et André Wiscar dit Soudan n'était retenue que l'inculpation d'association de malfaiteurs. Je ne sais pour quelle raison mon nom ne fut cité qu'en conclusion.

En conclusion le sus-nommé est accusé d'avoir, à Saint-Omer en juin et juillet 1944, en tout cas dans le département du Pas-de-Calais, et depuis moins de dix ans : Jean Ricouart, avec connaissance, aidé et assisté de Rodolphe Hénin et de Raymond Schots dans les faits qui ont préparé, facilité ou consommé les crimes ci-dessus spécifiés, et de s'être rendu complice desdits crimes.
Crimes prévus par les articles 295, 296, 302, 59, 60 du Code pénal.

J'interrogeai Me Valton du regard. Il ferma les yeux en signe d'assentiment. Je me calai sur le banc tandis que le président Laulnay interrogeait Camblain.

— Vous êtes Rodolphe Hénin, Antoine, Jules, Louis, René. Vous êtes né le 12 février 1899 à Carvin. Votre père était porion. Il est décédé quand vous aviez onze ans. Votre mère s'est ensuite remariée avec un citoyen belge, et vous avez vécu à Mons, rue de la Clef. Vous aviez deux frères dont un s'est suicidé en 1916, lors d'une permission...

Camblain se dressa.

— Un éclat d'obus lui avait arraché une partie du visage... Il vivait un calvaire !

— Vous répondrez lorsque je vous poserai une

question, Hénin. Votre beau-père tenait un estaminet à Mons, *Les Marones*, et je ferai grâce à la cour de l'épais dossier que les services de police belges nous ont communiqué sur cet établissement. Vous travaillez comme serveur jusqu'en 1919 lorsque votre mère et votre beau-père divorcent... On vous retrouve en 1923 en prison, à Ypres. Vous êtes déjà un gaillard, à l'époque, et vous avez tendance à régler vos différends à coups de poing! En 1927, nouveau séjour derrière les barreaux, en France cette fois. Vous aviez, avec quelques autres émeutiers, assiégé la maison du maire-adjoint de Monches-la-Ville et tenté d'y mettre le feu...

Camblain se leva une seconde fois, malgré les gendarmes qui tentaient de le maintenir assis.

– Vous parlez de l'adjoint Cantin? Il a été invalidé six mois plus tard... La justice nous a donné raison...

Pas un épisode de la vie de Camblain ne demeura dans l'ombre; le président Laulnay citait des jours, des heures précises comme s'il avait suivi Camblain à la trace depuis des années. Il procéda de même pour Soudan qui ne protesta pas lorsque le président évoqua une affaire d'attentat à la pudeur qui datait de 1929, alors qu'il fêtait ses quinze ans... Debove que je n'avais jamais vu aussi longuement qu'au cours de cette matinée, n'éleva pas la moindre objection quand fut rappelée une interpellation effectuée en 1922, à son retour de la guerre du Rif, pour détention de stupéfiants.

J'appris que Raymond Schots était un gosse de l'Assistance publique, que son nom appartenait à une famille de Steenbecque, un village proche d'Hazebrouck, qui l'avait recueilli en 1902, à l'âge de dix-huit mois.

Le président insista lourdement sur les penchants alcooliques de Couture, cause d'une extrême instabilité professionnelle.

Lorsqu'il se tourna vers moi, je sus que c'était pour me clouer au mur, tel un papillon au milieu d'une collection. Mon histoire commença à défiler.

– La plupart des personnes qui ont été entendues disent que vous êtes d'un tempérament agressif. Certains se souviennent qu'on vous surnommait le Caïd...

Je me mis à rire, malgré moi... Ce surnom de cour d'école s'était effacé de ma mémoire et on me le resservait sept ans après ma dernière récréation!

– Et cela vous amuse, Ricouart! Profitez-en pendant qu'il est encore temps...

Je pris subitement conscience, en les découvrant aussi attentifs, que toute cette mascarade se jouait pour la douzaine de jurés alignés en rang d'oignons dans leurs travées. La pièce dont nous étions les acteurs avait pour fonction de les séduire, les convaincre... J'étais le seul à connaître la signification de mon sourire... Pour eux, et quoi que je dise ou fasse par la suite, je venais d'endosser le rôle du cynique, de l'assassin satisfait.

Laulnay avançait dans ma vie.

– Caïd, vous vouliez également l'être à la maison : j'ai là un rapport de gendarmerie qui fait état d'une querelle avec votre propre père, en février 1944... Les gendarmes ont été contraints de vous séparer lors d'une dispute, et l'un de vous deux, l'enquête n'a pu déterminer lequel, a jeté un couteau à terre!

Le vieux s'agita, là-bas, au fond de la salle. J'encaissai en silence, les mâchoires serrées : je me voyais mal expliquant à tous ces inconnus qu'il lui arrivait de noyer la casquette, les soirs de paye, et que ce jour-là j'avais bataillé ferme pour l'empêcher d'aller coudre une boutonnière à un chef porion qui lui avait infligé une pénalité...

Lorsque nous eûmes chacun notre comptant d'humiliation, le président Laulnay aborda le fond de l'affaire et l'avocat général Quinoux entra dans la danse.

C'était un homme d'une soixantaine d'années au visage osseux, les os pointant sous la robe noire. Sa peau de couleur sombre, olivâtre, fine et sèche comme du parchemin, était tendue sur le squelette de son crâne, pommettes saillantes, orbites creuses. Il remuait ses phalanges devant son corps en parlant, pour convaincre. Je les regardais, fasciné, surpris de ne pas les entendre se choquer entre elles. Il rappela l'historique du groupe de Camblain, énuméra *les exactions commises sous couvert de résistance* et brusquement pointa son index vers le capitaine.

— Lorsque vous avez été interrogé sur ces crimes, sur les conditions dans lesquelles ils furent perpétrés, avez-vous été l'objet de sévices, de violence de la part de la police ?

— Je récuse les termes dont vous faites usage.

Il se fit patelin.

— Parlons alors *d'exécutions sommaires, de vengeances à caractère politique*... ou peut-être estimez-vous que ces mots sont encore trop violents pour caractériser le fait de tuer des citoyens sans jugement d'aucune sorte ?

Camblain respira profondément pour contenir sa rage.

— Je réponds à votre première question : la police n'a pas fait pression sur moi.

L'avocat général Quinoux laissa passer un sourire sur ses lèvres sèches et se rassit. Le président Laulnay menait les débats tambour battant, réglant les questions de détail au pas de charge, pressé d'en arriver à l'essentiel. Il attaqua dès la fin de l'interruption de séance de midi, donnant lecture de la déposition de Camblain relative à la liquidation des deux Lebreucq.

— Vous terminez en déclarant que vous possédiez les preuves de leur trahison et que vous aviez décidé SEUL de cette opération, pour, je vous en laisse l'entière responsabilité, prévenir d'autres crimes... Nous n'avons pas retenu l'accusation de meurtre dans le cas de Pierre Lebreucq. Il est avéré qu'il s'était mis au service des Allemands et qu'il appartenait à la Légion des volontaires français contre le bolchevisme. En revanche, nous n'avons trouvé aucune preuve susceptible de soutenir vos allégations concernant le père, Raymond Lebreucq. A soixante-cinq ans, aucun fichier de police ne conservait son nom...

Camblain se pencha vers le public.

— L'un des membres de mon groupe...

L'avocat général l'interrompit.

— Vous pouvez donner son nom : l'ancien facteur Lenglart, mis à la retraite d'office il y a quelques mois pour une affaire de détournement de courrier!

Camblain tenta de colmater la brèche, mais l'effet avait été désastreux.

– L'enquête administrative n'a rien prouvé... C'est lui qui a demandé l'avancement de son départ à la retraite... Lenglart surveillait le courrier adressé à la Feldgendarmerie et aux services de collaboration qui figuraient sur sa tournée... Raymond Lebreucq est l'auteur de plusieurs lettres adressées à la Milice dont une...

Quinoux leva les bras au ciel.

– Des lettres invisibles : vous n'avez pas été capable de les retrouver... Si jamais elles ont existé autre part que dans votre imagination !

Le président Laulnay fut pris d'une inspiration soudaine.

– Et pourquoi Raymond Lebreucq aurait-il pris ce risque alors qu'il aurait pu se confier à son fils ? Il était bien placé...

– Oui, monsieur le Président, vous avez trouvé le mot juste : il était bien placé ! Vous oubliez simplement que Pierre Lebreucq venait rarement à la ferme du marais. J'ai décidé d'agir lors de l'une de ses permissions...

– Nous ne demandons qu'à vous croire, Hénin. Si seulement votre facteur nous avait fourni ne serait-ce qu'une lettre...

– Celle dont je voulais parler avant que l'avocat général ne me coupe la parole, est à l'origine du massacre de la grange de Wemaers...

Le président eut un geste d'impuissance.

– Nous ne jugeons pas, et le jury ne se prononce pas sur des souvenirs... Que sont-elles devenues ?

La salle fit peser son attente sur Camblain.

– Elles ont disparu...

Un murmure de désapprobation parcourut les travées.

— L'ensemble des archives de notre groupe était entreposé dans la cave d'un camarade d'Oblinghem, un ouvrier des plâtrières... Les Allemands l'ont arrêté. Ils ont tout saisi... Tout ce qui nous reste, c'est un nom sur un monument mais j'ai l'impression qu'ici, à Saint-Omer, ces preuves-là ne font pas le poids!

Camblain se laissa retomber sur son banc. Il me lança un regard perdu.

Le président consulta ses assesseurs, fit l'inventaire des différentes chemises contenues dans l'énorme dossier posé à sa droite, en préleva une. Il essuya ses lunettes.

— Accusé Ricouart, levez-vous... Vous accompagniez Rodolphe Hénin lors de cette sinistre équipée. Vous avez déclaré que votre pistolet s'était enrayé alors que vous alliez procéder à l'exécution de Lebreucq père... C'est exact?

Je toussai faiblement.

— Non... Il ne s'est pas enrayé... J'avais oublié d'enlever la sécurité...

— Peu importe! Allons à l'essentiel. Vous étiez décidé à tuer oui ou non?

— J'étais un soldat : j'obéissais. A l'époque le facteur Lenglart m'hébergeait, au mépris de sa vie. J'ai lu plusieurs lettres de dénonciation... Certains n'hésitaient pas à vendre leur voisin à la Gestapo pour régler un problème de clôture... Vous savez bien qu'il en traîne des dizaines de milliers dans les coffres des préfectures! Demandez à les voir, vous retrouverez à coup sûr la signature du père Lebreucq...

L'avocat général Quinoux réclama la parole. Le

jour déclinait. On avait allumé les plafonniers et la faible lumière jaune qui descendait sur la salle donnait à son teint une couleur encore plus verdâtre.

– Votre diversion est habile, Ricouart, mais elle n'abusera que les naïfs. Avez-vous eu précisément connaissance de lettres de dénonciation calomnieuse signées de Raymond Lebreucq et, j'ajouterai, certifiées de sa main ?

Un instant je me sentis triompher.

– Oui. Le capitaine Camblain l'a lue, cette nuit-là, et Lebreucq n'a pas protesté... Ensuite Camblain a demandé au vieux d'écrire quelques lignes et de les signer. Les deux écritures étaient identiques.

Quinoux remercia le président et obtint la venue à la barre d'un expert, un certain Pr Hotim qui commença par préciser sa fonction, adoptant un ton suffisant.

– Je ne suis pas expert graphologue comme on le dit trop souvent en parlant de notre profession : mon but n'est pas de tracer le portrait psychologique d'un individu à partir de documents manuscrits. Dans ce cas, ma personnalité interviendrait au moins pour moitié dans mes conclusions... Non, je suis expert en écritures, et, en tant que tel, scientifique. J'exerce dans le domaine des investigations et je détermine à l'aide de lois techniques si un document est un faux, si telle lettre émane de telle personne ou non... Il m'est rigoureusement impossible de me prononcer en quelques minutes sur la base d'un simple examen superficiel bien que j'aie vingt années d'expertise à mon actif... J'ai étudié l'écriture de Raymond Lebreucq, c'est celle d'un malade atteint de dyspnée. Cela nous a été confirmé par ses proches qui se souviennent des difficultés qu'il éprouvait à respirer... En règle générale, l'écriture de ces malades est boueuse et se caractérise par des levées de plume situées dans des zones préférentielles de certaines lettres à haste ou à jambage comme le *b*, le *f*, le *l*, ou le *g*. Le Dr Resten a pu les qualifier de lettres respiratoires. Un tel type d'écriture est relativement facile à imiter et seul un examen approfondi peut permettre de déterminer si l'on a affaire à une personne sincère ou à un faussaire.

L'avocat général ne manqua pas de souligner son succès.

– En résumé, Raymond Lebreucq souffrait de difficultés respiratoires qui modifient l'écriture et la rendent ainsi très facile à imiter... Monsieur Hénin, êtes-vous expert en écritures?

Camblain se rencogna. L'expert se retira après une série de courbettes, serrant sa sacoche de cuir sous son aisselle. La première journée du procès s'acheva par l'interrogatoire de Soudan qui reconnut avoir procuré à Camblain le revolver qui devait servir à l'exécution des Lebreucq. Les avocats se levèrent comme un seul homme et s'agrippèrent au rebord du box. Je vis Marie, debout au milieu de la foule dressée, qui agitait au bout de son bras le foulard ukrainien, forçant un sourire sur ses lèvres.

Ce soir-là, en prison, on nous octroya un menu amélioré, du rôti de bœuf et des carottes sautées. Je mangeai à contrecœur en me demandant si, de cette manière, on nous remerciait de notre docilité.

Le lendemain matin, Camblain parvint à se glisser près de moi dans le fourgon qui nous conduisait au tribunal. Il mit à profit un arrêt brutal devant le marchand de machines à coudre de la rue de Dunkerque pour me parler à l'oreille.

— Ils veulent faire un exemple... N'hésite pas à me charger, ça ne sert à rien de tomber à plusieurs.

Le camion repartit vers la rue des Tribunaux et les gendarmes reportèrent toute leur attention sur nous. A partir de ce jour, mon père ne vint plus. J'appris plus tard qu'il avait été victime d'un malaise. Dès le début des débats je fus sur la sellette. Le président Laulnay se tortillait sur son fauteuil, visiblement de mauvaise humeur.

— J'aurais aimé aujourd'hui interroger l'un des autres membres de la bande Hénin-Camblain, mais les services de police n'ont pas réussi à lui mettre la main dessus. Il est donc jugé par contumace. Jean Ricouart, vous connaissiez bien Raymond Schots dit Couture?

Je pris appui sur la rambarde.

— Bien... c'est beaucoup dire...

L'avocat général Quinoux sauta sur l'occasion. Il coassa de plaisir, se tordant les doigts.

— C'est nouveau! On assassine ensemble, au hasard, sans se connaître...

Le président Laulnay leva le bras, paternel, pour lui demander de se retenir. Les jurés apprécièrent le geste comme une marque d'équité. Il reprit l'initiative.

— Il participait pourtant récemment au rassemblement d'amis qui fêtaient votre mariage. C'est même à cette occasion que sa trace se perd...

— Je ne l'avais pas invité... Lisez votre dossier, je l'ai déclaré au juge d'instruction.

Le président simula l'étonnement.
- Comme c'est curieux! Vous étiez en froid depuis l'assassinat de l'imprimeur Fernagut?

Je ne savais plus dans quelle direction me tourner. Les mots se bousculèrent.

- Je n'ai été résistant que durant quelques semaines... Je ne côtoyais que les gens qui acceptaient de me cacher, la famille Tourbier, le facteur Lenglart... Le capitaine Camblain, je ne l'ai vu qu'une nuit. Couture, un après-midi! Nous vivions seuls, dans des caves, dans des recoins... Pas entre relations dans les restaurants bien approvisionnés de Saint-Omer. J'ai beaucoup d'admiration pour Soudan, pour Camblain, pour Lenglart et des tas d'autres comme Moktar...

Le président Laulnay joignit ses mains sur son ventre.

- Je ferai remarquer que vous n'avez pas cité Couture dans cette liste...

Il me laissa mijoter et s'adressa à Camblain.

- Avez-vous ordonné à Raymond Schots dit Couture et à Jean Ricouart de voler et d'assassiner l'imprimeur Fernagut?

- Je n'ai jamais parlé de vol ni d'assassinat. Nous avions rassemblé des informations sur l'imprimerie Fernagut, particulièrement sur le travail que leur confiait la mairie... Les cartes d'alimentation, les coupons de rationnement ainsi que les Ausweis, les formulaires d'autorisation de l'administration allemande.

Le président Laulnay se voulut ironique.

- Qui vous avait fourni cette « documentation » si je puis dire?

— Couture. Il est venu me trouver, une semaine avant, et m'a convaincu que ce serait un jeu d'enfant de récupérer un matériel de cette importance. J'ai réfléchi et j'ai pris sur moi d'autoriser cette opération. Couture a évoqué de possibles complications, la présence d'Allemands... Je lui ai répondu que, dans cette éventualité, il fallait avant tout sauver sa peau. D'ailleurs Fernagut ne travaillait pas sous la contrainte... Il sollicitait ce genre de contrats pour développer son entreprise. A mon avis, il en acceptait les risques...

Le président Laulnay sursauta.

— D'où le tenez-vous Hénin?

— De Couture.

Il serra les dents puis explosa.

— Couture par-ci, Couture par-là! Il vous rend un fier service ce Couture par son absence... S'il n'existait pas, il faudrait l'inventer! C'est lui qui récupère la bonne affaire, c'est lui qui organise l'équipée, c'est encore lui qui appuie sur la détente... Et, en plus de tout cela, il connaît les secrets des Allemands, leurs fournisseurs attitrés... Vous étiez le chef à la fin. Oui ou non?

Camblain fit mine de se rasseoir. La voix de Laulnay claqua pour le rappeler à l'ordre.

— Restez debout, Hénin! Et vous, Ricouart, levez-vous. Faites entrer le témoin Debast.

Un gendarme poussa la petite porte latérale, livrant passage à une femme à l'allure massive, les cheveux ramenés en arrière et tenus par un large ruban noir. Son regard se ficha directement dans le mien. Dans une sorte de brume qui m'isolait du monde, je réentendis le cri qu'elle avait poussé dans l'imprimerie délabrée quand Couture redescendait l'escalier, hagard, le visage ensanglanté. Elle s'accrocha à la barre, tourna lentement la tête vers le président.

– Madame Debast, vous étiez employée au brochage en juin 1944 pour le compte des établissements Fernagut. C'est bien ça?

– Oui, monsieur le Président.

– Reconnaissez-vous l'un de vos agresseurs dans ce box?

Elle pointa un doigt vers moi, sans hésitation.

– Le plus petit... Le plus jeune... Il était là quand M. Fernagut a été tué...

Laulnay fit rasseoir Camblain.

– Dans quelles circonstances? Je vous en prie, madame...

– ... Ce jour-là, il était un peu plus de cinq heures, je travaillais au massicot avec Robert Figus, l'apprenti. Cet homme a fait irruption, l'arme au poing, en compagnie d'un autre plus âgé, un peu gros... Le petit gros est monté au premier, dans les bureaux tandis que celui-ci raflait les coupons de chaussures que nous venions d'imprimer. Quand il a entendu les coups de feu il a grimpé l'escalier mais son acolyte arrivait au même moment, les poches pleines de billets...

L'avocat général Quinoux semblait se désintéresser du témoin et prenait des notes en vue de son réquisitoire. Le président Laulnay s'apprêtait à libérer le témoin après avoir sollicité les questions des avocats. Soudain Quinoux se dressa, jaugea la salle.

– J'ai une précision à demander à Mme Debast, si vous permettez, monsieur le Président. Voilà, avez-vous eu connaissance d'activités illégales auxquelles aurait participé votre patron M. Fernagut.

Des protestations montèrent des rangs de la partie civile. L'avocat général jugea utile de se reprendre.

– J'entends « illégales » pour l'époque... En clair, vous arrivait-il d'imprimer du matériel anti-allemand sur les presses Fernagut?

Je retins mon souffle, redoutant la réponse. Ce fut pire qu'un coup de masse.

– Oui, depuis début 1944... Un journal, enfin ce que l'on appelait un journal en ce temps-là, une feuille 21 × 27 recto verso avec un titre... Il y en a eu deux numéros...

– Votre patron était-il au courant du risque que vous faisiez courir à l'entreprise?

Elle s'offusqua, donnant par sa réaction instinctive un crédit énorme à la manœuvre de Quinoux.

– C'est M. Fernagut qui nous a demandé de rouler ces tracts. Je ne me serais jamais permis de prendre de telles libertés avec mon employeur.

– Comment s'appelait ce journal, madame Debast?

Je remarquai qu'elle avait ôté l'une de ses chaussures. Comme tous les gens modestes, elle avait honoré la Justice de ses plus beaux habits, et ses chaussures neuves lui comprimaient les orteils.

– *Le Cri du Nord*. J'en possède encore quelques exemplaires à la maison...

Le président Laulnay donna des instructions pour qu'ils soient joints au dossier et en fit lire quelques extraits au cours de l'audience du lendemain. Les articles réclamaient le retour de la région nord à une France indépendante, insistaient sur le pillage auquel se livraient les autorités d'occupation et se prononçaient, à mots couverts, pour une résistance passive.

J'observais les réactions des jurés lors de la séance de lecture. En grande majorité, ils approuvaient mécaniquement les arguments du *Cri du Nord*, séduits par leur modération. Une bonne moitié d'entre eux habitait les fermes de Clair-Marais ou les riches terres qui s'étendaient jusqu'à Aire-sur-la-Lys. L'autre moitié était composée de commerçants ou de notables de Saint-Omer.

Le Peuple français jugeait en toute sérénité des inconnus venus du pays des gueules noires, les assassins d'un fermier et d'un notable.

Camblain avait lui aussi compris la portée du témoignage de l'ouvrière. Les jurés qui avaient dormi sur leurs deux oreilles entre 1940 et 1944 après avoir compté l'argent du marché noir, les juges qui avaient continué à faire tourner la machine répressive pour les nouveaux maîtres, tous venaient de se découvrir un martyr convenable en la personne de l'imprimeur Fernagut!

Camblain, maladroit par désespoir, tenta de le leur signifier.

– Monsieur l'avocat général Quinoux... Vous parlez à votre aise de cette période mais ayez donc le courage de dire ce que vous faisiez alors...

Le président Laulnay saisit son marteau et se mit à taper énergiquement sur la table alors que l'avocat général s'apprêtait à rétorquer à Camblain.

– Vous n'avez pas à répondre à cette provocation, monsieur le Procureur. Et vous Hénin, je vous somme de vous taire!

Quinoux remercia le président Laulnay.

— Je n'ai pas à rougir de mon passé : je suis resté fidèle à mon poste et à mon serment. J'ai requis à cette même place, en mon âme et conscience. Les paysans soignaient la terre, les mineurs descendaient dans les puits et les juges rendaient la justice en espérant, comme tous, le retour de la liberté.

Le capitaine Camblain éclata d'un rire forcé.

— Alors, expliquez-nous pourquoi la Résistance a dû vous envoyer un cercueil miniature pour vous forcer à modérer vos réquisitoires contre les patriotes?

Quinoux écarta les bras. Le tissu de sa robe accrocha la maigreur de ses membres.

— Si c'est vous, Hénin, qui me l'avez fait parvenir, j'ai eu chaud après les erreurs tragiques dont ont été victimes Lebreucq père et l'imprimeur Fernagut!

Les premiers applaudissements éclatèrent dans la salle d'audience. Marie, effondrée, tout là-bas, me jetait des regards d'enfant traquée.

Elle arrive à ce moment précis. Nous l'entendons qui gare la voiture. J'avance la main pour couper le magnéto. Jean Ricouart arrête mon geste.

— Laissez tourner. Elle sait tout ça... Elle l'a vécu, tout comme moi...

Il élève la voix.

— Marie, c'est toi?

— Viens m'aider, je ne peux pas prendre les bouteilles, c'est trop lourd pour moi.

Il traverse le cellier, ouvre la porte communiquant avec le garage. Marie Ricouart baisse le ton mais je comprends distinctement ses ronchonnements.

— Il est encore là ton journaliste?

— Oui... On parlait du procès. De Quinoux, l'avocat général...

Je passe la tête dans l'encadrement.

— Je vous donne un coup de main?

Nous entassons les provisions dans le réfrigérateur et les placards de la cuisine. Marie Ricouart m'observe à la dérobée tandis que je lui apporte les paquets de légumes secs, les boîtes de conserve.

— Pourquoi vous intéressez-vous à tout ça? Vous êtes jeune...

Je ne parviens pas à lui dire que sans la photo de Lucien, sur la télé, je ne serais probablement pas revenu le deuxième jour...

— Je ne sais pas au juste... Peut-être l'envie de comprendre ce qu'ont vécu mes parents... Cela fait des heures et des heures que votre mari me parle de son procès, en 1948... C'est l'année dont j'ai dû écrire les chiffres le plus souvent : je suis né en juillet 1948...

Elle s'immobilise un instant et ferme les yeux.

— Juillet? Comme Lucien...

Chapitre 9

Jean Ricouart se rassied face à moi. Sa femme, Marie, a rapproché sa chaise. Elle parle en évitant de me regarder, tête baissée, son attention concentrée sur ses mains qui se croisent, se décroisent.

– Je n'ai jamais ressenti autant de haine pour un homme que pour cet avocat général, Quinoux... Je le surnommais « Peau d'olive »... Il portait la mort sur son visage... Jean n'avait jamais eu affaire à la justice française, ni personne dans sa famille. Il y avait comme une confiance. La Loi, c'était la Loi, la même pour tous... On ne savait même pas que ça existait, un avocat général! Sinon, on se serait sûrement renseignés sur Quinoux avant le procès... On ne refait pas le monde : les ouvriers ont toujours tort.

Jean Ricouart me sert un verre de bière fraîche.

– Le capitaine avait quelques billes... Pourtant ça s'est retourné contre lui. Ils étaient d'accord entre eux, dès le départ.

Elle repoussa son bock vers le centre de la table.

— On ne peut rien affirmer : on n'a pas essayé... Explique pour Quinoux, tu n'as plus rien à perdre...

Il désigne le Sony.

— Je préférerais que ce ne soit pas enregistré... Je tiens ce que je vais vous confier de personnes sûres et bien informées. Malheureusement je ne possède aucune preuve, aucun document... Vous êtes historien, vous pourrez certainement vérifier ce que j'avance...

— J'essaierai...

— Voilà : depuis le début des années 30, l'avocat général Quinoux était payé par les Houillères pour démanteler les syndicats... Il s'arrangeait pour faire condamner lourdement les meneurs sous n'importe quel prétexte... Avant les nationalisations, les Houillères faisaient la loi par ici... De véritables seigneurs... Quinoux entretenait tout un groupe de jaunes, des repris de justice pour lesquels il avait obtenu des remises de peine, des acquittements... C'est lui qui a fait emprisonner l'ensemble des dirigeants syndicaux des papetiers de la vallée de l'Aa, en 1931... Il a fallu attendre cinq ans pour entendre parler d'une nouvelle grève! Demandez à consulter les archives du tribunal : s'ils acceptent vous serez surpris...

— Il a exercé longtemps?

— Je crois qu'il a quitté le tribunal de Saint-Omer en 1950... Ses activités parallèles commençaient à irriter ses collègues. Quelque temps après, il a fondé un bureau d'avocats, à Béthune. Le cabinet Quinoux qui reste encore aujourd'hui le plus important du Pas-de-Calais. Dès qu'un notable a des ennuis, c'est là qu'il s'adresse... Il y a deux Quinoux dans la liste, ses petits-enfants...

— C'est lui qui a requis la peine de mort contre Camblain ?

Jean Ricouart tire la coupure de presse jaunie de son tas de documents.

— Lisez cet article... C'est *Le Veilleur de la Lys*. Il reflète exactement le point de vue du président Laulnay... Une ordure qui siégeait à la cour spéciale de Douai pendant la guerre... Et le point de vue de Quinoux bien sûr... Dans *Le Démocrate*, c'est tout juste si Neveu, le rédacteur en chef, ne demande pas que l'exécution soit publique !

Il me tend le papier et me montre un paragraphe sous-titré « Le réquisitoire ».

M. Quinoux, procureur de la République, a prononcé un long réquisitoire, éloquent et sévère. Il a souligné tout d'abord qu'il ne s'agissait pas du procès des F.T.P. car il y en a d'héroïques, ni du parti auquel ils s'étaient affiliés, mais celui d'accusés de droit commun qui ont agi sous le couvert de la Résistance, qu'il n'hésite pas à qualifier de crapules sous le masque de la Résistance.

Un autre sous-titre attire mon attention.

Pour la plupart, les accusés sont mal notés, vivant de marché noir, de rapines et d'expédients. L'un d'eux, Debove, aurait été volontaire pour travailler en Allemagne ; au moment de la Libération, il a été blessé par un soldat allemand qu'il croyait mort et qu'il voulait détrousser. Cette blessure lui a valu une pension militaire ! Rodolphe Hénin dit Camblain, le chef de la bande né à Carvin en 1899, a été condamné huit fois pour vols, injures, coups et blessures... Les autres sont soit des pupilles de l'Assistance publique, soit des enfants de divorcés, d'alcooliques...

Le verdict tenait en quelques lignes :

Après les plaidoiries des avocats de la défense, les jurés se sont retirés pour délibérer et répondre aux quelque cent dix questions qui leur étaient posées. Le capitaine Camblain, Rodolphe Hénin, est condamné à mort. Il sera exécuté à la prison d'Arras. Quant aux autres bandits, ils sont condamnés à des peines diverses dont voici le détail :
André Wiscar dit Soudan : 5 ans de prison.
Raymond Schots dit Couture : 10 ans de réclusion (jugé par contumace).
Albert Crutel : 2 ans de prison.
Constant Debove : 2 ans de prison.
Jean Ricouart : 7 ans de prison.
Les peines de prison sont assorties de 10 années d'interdiction de séjour.

Je replie l'article du *Veilleur* et me tourne vers Marie.
— Comment avez-vous réagi à l'énoncé du verdict ?
Elle sourit timidement, se met à rougir.
— Demandez-le-lui...
Je ne comprends pas trop. Jean Ricouart fouille à nouveau dans ses papiers.
— Non, elle n'est pas là... J'ai dû la ranger au grenier avec les affaires de Lucien... Camblain a été

transféré à la prison d'Arras. On l'a isolé, les fers aux mains et aux pieds en attendant l'exécution. Soudan, Debove, Crutel et moi sommes retournés à la prison de Saint-Omer... Je n'ai pas dormi de la nuit... J'ai écrit une lettre à Marie sur un morceau de papier tout chiffonné... Qu'est-ce que ça disait, tu te rappelles?

— Tu le sais aussi bien que moi, Jean...

Je rebranche discrètement le magnétophone. Ses yeux brillent étrangement. Soudain la lettre est entre ses mains. Il tousse pour dissimuler l'émotion.

— Je commence par *Ma petite Marie*, j'ai toujours commencé de la même manière... *Le verdict du tribunal ne nous laisse pas le choix. Quand nous nous sommes mariés, après toutes ces épreuves, je pensais faire de toi la plus heureuse des femmes et c'était par pur égoïsme : pour que je sois, enfin, le plus heureux des hommes. Si je croyais en Dieu, je dirais qu'il ne l'a pas voulu. Tu es belle, attirante, et ces mots m'arrachent des larmes. Refais ta vie avec un homme qui ne porte pas le malheur sur son dos. Ne le fais ni pour toi ni pour moi mais pour l'enfant qui vit déjà en toi. Le nom de Ricouart ne peut que lui nuire, ainsi qu'à toi.*

J'accepte le divorce et en réclame tous les torts. Je t'aime. Jeannot.

Jean Ricouart reprend la parole après un silence que personne n'osait rompre :

— J'ai reçu la réponse assez rapidement, une semaine plus tard. Tu me disais que tu m'attendrais aussi longtemps qu'il le faudrait, la tête haute, sans rougir de ce qu'on m'imposait... J'ai accompli plus de la moitié de ma peine : quatre années sur sept.

Lucien était né en juillet 1948, le 8... J'ai refusé chaque fois que Marie m'a proposé de l'amener au parloir avec elle... Pas une photo. Rien. Je voulais voir mon fils en homme libre... Il avait trois ans quand je l'ai serré contre moi pour la première fois. Au début il m'appelait « Tonton Jean »...

Marie Ricouart se lève, bouleversée. Elle se dirige vers la cuisine, se réfugiant dans les préparatifs du dîner.

– Vous restez manger avec nous ce soir?
Je n'ai pas le courage de refuser.
– Camblain a été guillotiné?
– Non, mais il était prêt à monter à l'échafaud... Quand le président lui a demandé s'il avait une déclaration à faire il a dit une chose que je n'oublierai jamais : *Oui, je lègue mes yeux à la Banque des yeux pour qu'ils voient la fin de votre régime*... Il est resté aux fers pendant six mois, se demandant lequel de ces cent-quatre-vingts jours serait le dernier... Il doit la vie à un inconnu, un mineur de la fosse 4 de Mazingarbe... Un ancien déporté à Buchenwald. Il faisait partie du réseau de résistance interne du camp, un réseau dirigé par Marcel Paul, le futur ministre... Il était chargé de prendre contact avec les personnalités françaises que les nazis envoyaient à la mort... Des hommes politiques, des artistes, des scientifiques ou des industriels comme Marcel Dassault... Un jour il a « réceptionné » André Marie, un député normand, vaguement radical... En 1948, le même André Marie était ministre de la Justice. Le mineur a pris le train sans rien dire à personne, il a obtenu un rendez-vous au ministère... Je ne peux pas affirmer que sa visite a

été décisive, le fait est que, deux mois plus tard, le président Vincent Auriol commuait la peine de mort en vingt ans de réclusion... Camblain est sorti de prison en 1960, douze ans après sa condamnation... Je suis allé l'accueillir... Le grand gaillard que j'avais connu n'existait plus... La détention l'avait cassé... Il s'est installé près de la frontière, à Droogland... C'est là qu'il est mort, l'année suivante, sans avoir eu l'autorisation de retourner dans le département du Pas-de-Calais.

Je rassemble mes affaires sur un coin de la table pour permettre à Marie Ricouart de mettre le couvert.

– Vous aussi vous étiez sous le coup d'une interdiction de séjour... Ça part du jour de la condamnation?

– Non, ce serait trop beau! Ces salauds comptent du jour de « l'élargissement »... J'ai pu remettre les pieds à Cauchel en 1962, pas avant... Le plus beau de tout c'est que l'année dernière en rassemblant mon dossier de retraite, je me suis aperçu qu'il avait retrouvé sa virginité depuis près de vingt ans! Sans le savoir j'ai bénéficié de l'amnistie de 1968, quand de Gaulle a passé l'éponge sur les crimes de guerre civile... Il pensait essentiellement aux types de l'o.a.s., aux poseurs de bombes d'Alger... L'ironie de l'Histoire...

Nous mangeons en silence. Jean Ricouart a allumé la télé et nous regardons des bribes du Téléthon. Michel Drucker traduit les mimiques de Jerry Lewis entre deux regards insoutenables d'enfants myopathes. Marie apporte le plat de fromage puis saisit le téléphone. Le standard de s.v.p. répond au troisième appel. Elle promet de verser deux cents francs, donne son nom, Ricouart, et se rassied à ma gauche comme si de rien n'était.

Je les quitte vers onze heures. La pluie a cessé, remplacée par le froid. Jean Ricouart garde ma main dans la sienne.

– Vous reviendrez demain, Marc?

Il prononce mon prénom pour la première fois pour marquer la confiance.

– Ça va être difficile. J'ai besoin de travailler, de vérifier des dates, de trouver des documents... Je vous promets de revenir dès que j'aurai un peu avancé, que j'y verrai plus clair.

Sa courte silhouette se dessine dans le rectangle lumineux de la porte. L'image rétrécit dans mon rétroviseur puis, d'un coup, disparaît.

Chapitre 10

Je reste plusieurs jours, pratiquement une semaine, sans trouver le courage de décrypter les bandes magnétiques. Une dizaine d'heures d'enregistrement s'entassent sur mon bureau, décourageantes. Je tourne, établissant des listes de démarches à effectuer, de livres à consulter.

Je m'y jette soudainement, un dimanche. Je prends des notes, cotant chaque face des cassettes grâce au compteur du magnéto.

Au petit matin, les yeux gonflés par le manque de sommeil, les lèvres asséchées par le tabac, j'écoute la dernière bande en vitesse accélérée. Le café dont je m'abreuve me tient encore en éveil. Je trouve assez d'énergie pour bricoler un index de tous les noms de personnes et de lieux cités par Ricouart au cours de nos entretiens.

Je me couche enfin, vers cinq heures du matin et m'enfonce dans un sommeil agité de cauchemars qui ne me permet pas de récupérer. Je sors après une douche et avale un café au comptoir du *Prévoyant*, incapable de finir mon croissant. Il fait à peu près beau, le vent du nord chasse les nuages vers la mer.

Je décide d'aller faire un tour à Droogland, le bourg dans lequel Camblain s'est fixé après sa libération, dans l'espoir de rencontrer quelqu'un qui se souvienne de lui. La route d'Hazebrouck est pratiquement déserte. A la sortie de la forêt de Nieppe, un panneau indique *Steenbecque 3 km*. Je le dépasse puis stoppe, intrigué par le nom. J'enclenche la marche arrière. Le président Laulnay parle par la bouche de Jean Ricouart : *Un enfant de l'Assistance publique recueilli par une famille de Steenbecque, les Schots...*

J'abaisse le levier du clignotant à gauche et file vers le village. Un petit marché d'une dizaine de forains occupe la place de l'église. Quelques vieilles trottinent devant les étalages. Je me gare près de l'unique café. Une dizaine d'anciens boivent le coup en tapant le carton. Je me penche vers le patron lorsqu'il pose mon double express sur le comptoir.

— Vous savez où je peux trouver la famille Schots ?

Il me regarde, incrédule, cherchant dans ses souvenirs.

— Schots ? Ça ne me dit rien... Je ne suis ici que depuis une quinzaine d'années mais s'ils habitent encore Steenbecque, je devrais les connaître...

Il appuie ses deux mains sur le zinc, se soulève sur la pointe des pieds.

— Robert... Tu sais s'il y a une famille Schots à Steen ?

Un petit vieux pivote sur sa chaise tout en continuant d'échancrer ses tickets de tiercé.

— Oui... Elle est au grand complet à cinq cents mètres d'ici. Au cimetière.

Le patron doit me croire de la famille. Il se fait

payer en montrant quelques scrupules à recevoir de l'argent de la part d'une personne qui vient de recevoir un tel choc. Je laisse la voiture devant le café et marche jusqu'au cimetière. Un terrassier retourne la terre du carré des indigents. Il casse les mottes du tranchant de sa pelle, se baisse de temps en temps pour ramasser un fragment d'os qu'il jette dans la brouette. Il me regarde m'approcher de lui, un pied posé sur le fer de sa pelle, les mains jointes sur le manche.

– Bonjour. Je cherche la tombe de Raymond Schots...

Il pousse sa casquette vers l'arrière, hoche la tête.

– Raymond Schots... Raymond Schots... Oh! il n'est pas loin...

Il se redresse.

– Vous voyez la tombe en granit noir? Eh bien, la sienne est juste derrière...

Je traverse l'allée principale. Couture repose sous une pierre grise recouverte de mousse. Je lis l'inscription gravée sous la croix en relief :

RAYMOND SCHOTS
1902-1965

puis, machinalement, mon regard se pose sur le caveau qui jouxte la tombe de Couture. Les noms tracés au-dessus de la petite porte en fer forgé me coupent le souffle, je sens mon cœur s'affoler...

FAMILLES SCHOTS-FERNAGUT

Je pousse la porte métallique. Une plaque vissée au mur du fond détaille l'identité de tous ceux qui gisent sous mes pieds. J'allume mon briquet.

ALBERT SCHOTS 1878-1939
AMÉLIE FERNAGUT 1881-1942
FRANÇOIS FERNAGUT 1892-1944

Je sors mon calepin pour noter les noms, les dates.

La voiture patine sur le gravier de la place et part en crabe.

J'avale les quarante kilomètres de bonne route en vingt minutes. Je me défoule en slalomant sur la départementale défoncée qui mène à Heurinderques, évitant les nids-de-poule, les fissures, l'aiguille du compteur accrochée au chiffre 100.

Au *Café-Bar-Pêche*, on en est à l'apéritif. La mercerie est ouverte. Les chapeaux exposés dans la vitrine ne gagnent rien à être vus en pleine lumière sinon un bon paquet d'années. La vieille est en discussion avec une cliente tellement semblable à elle-même que l'on pourrait penser à un reflet. J'entre. La clochette imite parfaitement le bruit du marteau. La veuve Schots me regarde, intriguée, puis elle emballe dans une feuille de papier kraft la paire de bas varices qu'elle vient de vendre. Elle raccompagne sa cliente jusqu'à la porte et me toise.

– Qu'est-ce que vous voulez encore? Je n'ai rien d'autre à vous dire...

Elle va se réfugier derrière son comptoir. Je la rejoins.

– J'espérais que vous seriez un peu plus bavarde, madame Schots, et que vous accepteriez de me parler d'Amélie, la femme d'Albert Schots... Et du frère d'Amélie, François Fernagut...

Le tic qui l'oblige à avaler sa lèvre inférieure ou à

la sucer comme un chewing-gum, s'accentue soudainement. Ses doigts se crispent sur une gaine couleur sparadrap qui pend à un crochet.

– Comment... Comment...

Je lui laisse le temps de retrouver son calme.

– Comment je l'ai appris? Par hasard... J'ai eu envie de voir le pays où Camblain avait fini sa vie, Droogland... En chemin j'ai croisé la route de Steenbecque.

Je me plante devant elle.

– Pourquoi ne l'avez-vous pas fait enterrer dans le même caveau que ses parents adoptifs?

Elle se recroqueville.

– Je n'ai pas pu faire ça à celui qu'il avait tué... Je l'ai mis plus loin, à part... C'était mieux pour tout le monde... La croix les protège tous. Ce n'est pas à nous de juger les morts.

– Et personne n'a eu le courage de venir le dire au cours du procès! Les gens de Steenbecque savaient pourtant que François Fernagut, l'imprimeur de Saint-Omer, était l'oncle adoptif de votre mari, Raymond Schots...

– Oui... Ça se voit que vous ne connaissez pas les paysans de là-haut... Surtout à l'époque. Pires que des muets. Au procès on n'a pas beaucoup parlé de Raymond pour la bonne raison qu'il était en fuite... Son compte était réglé d'avance.

Elle se détend peu à peu. Le rythme des paroles se calme. Je murmure ma question comme pour en atténuer l'impact.

– Il s'est servi de la Résistance pour le tuer... C'est bien ça?

– Oui. Raymond ne me l'a jamais avoué clairement

mais je suis persuadée que ça s'est passé comme vous dites... Albert Schots, son père adoptif, est mort en 1939, d'un cancer de l'estomac. Sa mère, Amélie, a suivi un peu plus de deux ans après, au cours de l'hiver 42... Il y avait déjà bien des années qu'il ne s'entendait plus avec eux, depuis qu'il buvait... Le vieux et la vieille lui ont donné un nom. Rien d'autre. La maison et l'argent, c'est le frère d'Amélie qui en a hérité...

— François Fernagut?

— Oui. Raymond ne parlait plus que d'humiliation, de vengeance... Quand j'ai appris la mort de l'imprimeur, en 44, j'ai tout de suite pensé à Raymond.

Une femme pousse la porte. La mercière la sert rapidement, une fermeture Éclair pour un jean, et se cale à nouveau dans le coin de son comptoir.

— Quand vous a-t-il quitté?

Son sourire se limite à un plissement des yeux.

— Pour être franche je dirais la semaine d'après notre mariage, en 1929! Il découchait plus souvent qu'à son tour... Je n'ai jamais eu aucun regret, je savais à quoi m'en tenir dès le début... Il est parti pour de bon en février 1948, quelques semaines avant l'ouverture du procès du groupe Camblain.

— Vous êtes sûre? Les autres étaient déjà en prison depuis plusieurs semaines!

— Oui, absolument sûre : à partir de ce moment-là j'ai reçu mon mandat, chaque mois... Je priais Dieu pour ne plus le revoir...

— Vous a-t-il parlé à cette époque de Laulnay, de Quinoux ou de Tirlemont?

Elle fronce les sourcils.

— Tirlemont... Qui est-ce?

— Le juge qui a instruit le dossier.
— Non. En revanche, je me souviens d'une rencontre de Raymond avec l'avocat général Quinoux...
Je la prends par les épaules.
— A quelle date ?
— C'était bien avant les arrestations, en septembre 47... octobre au plus tard... Je les ai vus de loin, mais une tête comme celle-là, ça ne s'oublie pas. Quand je lui en ai parlé, le soir, Couture paraissait gêné. Il a refusé de me dire son nom mais je l'ai tout de suite reconnu au procès : une tête de mort recouverte de vert-de-gris !

Elle sort un mouchoir à carreaux de sa poche de tablier, essuie les commissures de ses lèvres.

— Pourquoi ne m'en avez-vous pas parlé l'autre soir ?
— Vous n'étiez pas allé au cimetière, monsieur... On comprend tout là-bas. Je n'y ai pas remis les pieds depuis son enterrement. Ma place est ici, à Heurinderques, pas chez les Schots de Steenbecque !

Je mange un morceau dans un restaurant, sur la route et me sature de café. Jean Ricouart est accoudé à la fenêtre. Son visage s'illumine dès qu'il m'aperçoit. Il vient m'accueillir sur le trottoir.

— Bonjour, Marc. Votre travail doit commencer à prendre forme...

Je serre la main qu'il me tend et nous entrons dans la maison. Je m'installe à ma place habituelle. Il me verse du café.

— Je pense avoir compris comment la cour d'assises de Saint-Omer a réussi à monter votre procès...

Jean Ricouart pose la cafetière et s'assied lentement, sans un mot.

— Parlez.
— L'imprimeur Fernagut était l'oncle adoptif de Raymond Schots, celui que vous surnommiez Couture... Les Schots l'avaient recueilli peu après sa naissance mais ils n'ont pas été jusqu'à le coucher sur leur testament... C'est l'oncle imprimeur qui a hérité de leurs quatre sous... L'avocat général Quinoux, qui a dû mourir de peur entre 1944 et 1946, a certainement eu vent de ce détail grâce à son réseau de jaunes et de briseurs de grève... Il a rencontré Couture quelques semaines après votre mariage et lui a probablement conseillé de se mettre au vert jusqu'à la prochaine amnistie. J'ai discuté avec la femme de Schots, la mercière d'Heurinderques... Raymond Schots a travaillé aux Houillères de Lorraine, à Forbach, de 1948 jusqu'à sa mort en 1965 ! Il ne devrait pas être trop difficile de retrouver le nom de son protecteur...

Jean Ricouart se prend la tête entre les mains.

— J'ai dû brûler toute ma haine : j'ai tourné toute cette histoire des milliers de fois dans mon crâne, depuis quarante ans... A en devenir dingue... Maintenant que je peux recoller les morceaux, c'est bizarre, mais ça me laisse froid...

Il se lève, s'approche de la télé et saisit le cadre qui emprisonne Lucien.

— Il n'y a que ça, en fait, que je ne leur pardonnerai jamais... Il est mort en 1963, un accident... Il allait avoir quinze ans, et sur ces minuscules quinze années, ils ont eu la cruauté de m'en voler quatre... Quatre années sans le voir... Et maintenant tout le reste de ma vie...

Je ne veux pas que les larmes qui grossissent sous ses paupières se mettent à couler. Je me lève à mon tour. Je prends doucement la photo.

— J'étais avec lui, à Blavaincourt en mars 1963...
— Qu'est-ce que tu dis, Marc ? Répète !
— J'étais dans le parc quand le cortège des mineurs s'est mis à descendre sur le puits d'Houchicourt, au moment de la grande grève...

Jean Ricouart m'attrape par les poignets.

— Tu le connaissais ? Tu étais copain avec Lucien ?

Je baisse la tête pour ne pas éclater en sanglots.

— Il était très secret. Il ne s'intéressait pas aux mêmes choses que nous... Le foot, les filles... Pendant les récréations il se mettait dans un coin avec un bouquin, tout seul. Au début certains venaient le provoquer... Ça s'est tassé avec le temps. On le laissait tranquille... Sauf ce jour...

— Quel jour ? Marc, qu'est-ce que tu racontes...

— Ils ne vous ont jamais dit comment ça s'était passé ? Vraiment ?

— Comment s'était passé quoi ? Je ne te comprends pas, explique-toi...

— Sa mort... Il n'y a jamais eu d'accident...

Ses doigts s'enfoncent dans ma peau.

— Marc.... Tu es fou ! Lucien s'est noyé...

« Lucien s'est noyé » : il vient de dire la vérité, sans même s'en rendre compte.

— La manifestation allait droit sur les cordons de gardes mobiles. Tous les élèves se sont précipités vers la grille, pour assister à l'affrontement. Je crois que votre fils a bousculé le plus teigneux de tous, un chaudronnier du nom de Fressain, une espèce de brute qui régnait sur la cour de récréation avec l'appui de sa bande. L'autre l'a traité de « fils d'assassin » et s'est retourné en refusant de se battre pour ne pas se salir les mains... Votre fils était anéanti... Tous les autres

élèves se sont mis de la partie, scandant l'insulte...
« Fils d'assassin... Fils d'assassin... »

Jean Ricouart se laisse tomber sur un siège. Je parle vite, les mots se bousculent sur mes lèvres.

— Je n'y comprenais rien mais j'étais avec eux... Lui, seul, désemparé, au milieu de tous ces gosses hurlants... Il a ouvert la grille et s'est enfui. Le directeur s'est inquiété de son absence à la nuit tombée. Il a formé des équipes de recherche avec les profs et les élèves... J'étais avec un professeur de mécanique, M. Watbled, et un camarade de classe, Blavot... On l'a retrouvé en bas de la colline de Boulans, noyé dans le bassin de décantation. C'est Watbled qui l'a vu le premier. Blavot se trouvait à une cinquantaine de mètres, retardé par une chute... Quand je suis arrivé à hauteur de Watbled, il effaçait avec le pied une inscription laissée par votre fils dans la glaise... « Mon père n'est pas un assassin »... Ce n'est pas un accident. Votre fils s'est suicidé... Il y a vingt-cinq ans que je vis avec ce secret...

Jean Ricouart se dresse devant moi. Il me prend par les épaules d'un geste nerveux.

— Tu es sûr de ce que tu avances ?
— Je vous le jure... J'y étais... Si Watbled est encore en vie, il vous le confirmera... Lucien s'est jeté à l'eau.

Il me repousse.

— Tu ne comprends donc pas ce que cela signifie ! Ils l'ont poussé à se tuer... Ce n'était pas suffisant d'avoir cassé la vie du père, celle de Marie... Ils l'ont tué...

Il me tourne le dos, la main appuyée au mur, près de la fenêtre.

— Ils viennent de tuer mon fils, vingt-cinq ans après sa mort.

Épilogue

Le vent du nord dispersait les nuages. Jean Ricouart raccompagna le jeune historien à sa voiture. Marc Blingel s'installa, les mains crispées sur le volant. Il ne trouva pas le courage de lever les yeux.

– Excusez-moi, Jean... C'était plus fort que moi, il fallait que je vous le dise...

Jean Ricouart se pencha à la portière.

– Tu n'as pas à t'excuser, tout était joué d'avance... Pars maintenant, j'ai besoin d'être seul.

Il lança le moteur et s'éloigna lentement en sachant qu'il ne reviendrait plus jamais cité des Cosmonautes. Jean Ricouart attendit que la voiture dépasse la sculpture métallique avant de rentrer. Il posa les bottins de la région sur la table de la salle à manger et se mit en devoir de dresser la liste des Quinoux du Nord et du Pas-de-Calais. Il les appela tous, rayant méthodiquement les noms et numéros des Quinoux sans rapport avec son histoire, disposant des points d'interrogation en regard de quelques lignes... Il lui fallait se reposer après chaque appel pour reprendre son souffle et calmer les battements de son cœur. Pour la trentième fois son index se ficha dans les alvéoles de l'indicatif : 2... 1..., une adresse à Béthune. La sonnerie se déclencha, étonnamment proche, interrompue presque immédiatement par la voix rauque d'une femme.

— Cabinet Quinoux, je vous écoute...
— Bonjour, pourrais-je parler à M. Quinoux?
— Lequel? Vous avez affaire habituellement à Me Alain Quinoux ou à Me Jean-François Quinoux?

Il se troubla...
— Je ne sais pas... Ni l'un ni l'autre... En fait, je suis à la recherche de M. Maurice Quinoux... Il était avocat général à Saint-Omer il y a longtemps... Il doit être mort, il était déjà très vieux à l'époque.

Elle toussa pour s'éclaircir la voix.
— Non, rassurez-vous, Me Maurice Quinoux est très âgé mais il vit toujours, pas loin d'ici, à Longuenesse...

Il raccrocha brusquement et ouvrit le bottin à la rubrique de Longuenesse, les mains tremblantes. Le nom de l'ancien procureur de la République se cachait entre une armée de Quinet et quelques Quintard. Il nota l'adresse, 12, rue Bekaert.

Quand Marie rentra à la maison, vers trois heures de l'après-midi, elle lut le mot qu'il lui avait écrit.

Ma petite Marie.
Ne m'attends ni ce soir ni les soirs qui vont suivre. Je ne sais pas si ce que j'ai fait de ma vie était utile. Une seule chose survivra à tout ce gâchis : l'amour que j'ai pour toi.

Il avait failli signer Lucien, et la lettre initiale du prénom de son fils, raturée, précédait sa signature : *Jean.*

Maurice Quinoux habitait une lourde maison bourgeoise de la rue de Longueville, face à l'ancien glacis des fortifications de Saint-Omer. Peut-être s'était-il, dans sa jeunesse, entraîné au tir dans le stand édifié en contrebas du boulevard Vauban, en compagnie des officiers du 8ᵉ de ligne.

Le soleil éclairait la façade récemment refaite. De chaque côté des grilles grandes ouvertes, deux gendarmes laissaient passer les voitures qui venaient se garer à l'ombre des arbres, sur l'emplacement d'un ancien court de tennis. Cinquante à soixante personnes revêtues d'habits de cérémonie se pressaient devant le perron du bâtiment. Le photographe de *L'Indépendant* jouait des coudes avec celui de *L'Indicateur*, essayant de se couler dans le sillage de l'équipe régionale de *F.R.3*.

Jean Ricouart entra à son tour, sans que personne ne songe à lui demander son identité. Les applaudissements crépitèrent. En haut des marches, la porte à double battant venait de s'ouvrir et deux vieux messieurs s'avancèrent en plein soleil, soutenant un vieillard à tête de momie, à la peau parcheminée au teint incroyablement vert foncé. Il écarta les lèvres pour un sourire édenté qui lui ferma les yeux et s'assit dans un fauteuil.

Un homme, le torse ceint d'une écharpe tricolore, vint se placer devant lui et déplia une feuille de papier. Il obtint le silence en laissant peser son regard sur la foule.

— Mesdames, messieurs. C'est avec un plaisir immense qu'au nom de tous nos concitoyens je suis ici, aujourd'hui, pour honorer notre centenaire,

Mᵉ Maurice Quinoux. Né en 1888 à Saint-Omer, il réside, un siècle plus tard, à quelques dizaines de mètres de sa cité natale. C'est assez dire la fidélité dont il n'a cessé d'administrer les preuves à tous ceux qui ont eu la chance de le rencontrer...

Des employés communaux en veste blanche dressaient un buffet dans le jardin. Jean Ricouart traversa lentement les rangs des invités et parvint à se glisser jusqu'au pied de l'escalier. Le maire terminait son discours et remit à l'ancêtre la médaille d'or de Longuenesse tandis que la chorale municipale entonnait *La Chanson du Juste* composée spécialement pour l'occasion par le directeur du conservatoire.

Jean Ricouart grimpa les cinq marches qui le séparaient de Maurice Quinoux sans que personne ne fasse attention à lui. Il plongea sa main droite dans la poche de sa veste. Il comprit que l'avocat général l'avait reconnu quand les yeux encore vifs enfoncés au fond de leurs orbites s'agrandirent. Jean Ricouart pressa la détente du 22 long rifle acheté une heure plus tôt à l'armurerie de la rue de Dunkerque. Maurice Quinoux se recroquevilla dans son fauteuil. Jean Ricouart demeura debout, quelques instants, face aux invités d'honneur pétrifiés, puis les gendarmes se jetèrent sur lui et l'entraînèrent vers leur estafette. Le micro de la Bétacam de *F.R.3* enregistra les seuls mots que Jean Ricouart accepta de prononcer avant de retrouver la prison de Saint-Omer : *Lucien a payé d'avance.*

Aubervilliers, octobre 87-avril 88.

DU MÊME AUTEUR

Aux Éditions Gallimard

Dans la collection Série Noire

LE GÉANT INACHEVÉ, n° 1956. Prix 813 du roman noir 1984
LE DER DES DERS, n° 1986
MÉTROPOLICE, n° 2009
LE BOURREAU ET SON DOUBLE, n° 2061
LUMIÈRE NOIRE, n° 2109

Dans la collection Folio

MEURTRES POUR MÉMOIRE, n° 1955
LA MORT N'OUBLIE PERSONNE, n° 2167
LE FACTEUR FATAL, n° 2326
LE GÉANT INACHEVÉ, n° 2503
LUMIÈRE NOIRE, n° 2530
ZAPPING, n° 2558

Éditions de l'Instant

NON-LIEUX

Aux Éditions du Masque

MORT AU PREMIER TOUR (épuisé)

Éditions Syros/Souris noire

LA FÊTE DES MÈRES
LE CHAT DE TIGALI

Aux Éditions Folies d'Encre

QUARTIER DU GLOBE

Aux Éditions Manya

PLAY BACK

Aux Éditions Julliard

HORS LIMITES

Composé par la Société Nouvelle Firmin-Didot.
Impression Brodard et Taupin
à La Flèche (Sarthe),
le 30 décembre 1996.
Dépôt légal : décembre 1996.
1er dépôt légal dans la collection : mai 1990.
Numéro d'imprimeur : 1659R-5.

ISBN 2-07-038256-7 / Imprimé en France.
(Précédemment publié aux Éditions Denoël
ISBN 2-207-23539-4)

80811